Balmes Jaime Luciano

Lehrbuch der Elemente der Philosophie

Lehrbuch der Logik (2. Auflage)

Balmes Jaime Luciano

Lehrbuch der Elemente der Philosophie
Lehrbuch der Logik (2. Auflage)

ISBN/EAN: 9783744696883

Hergestellt in Europa, USA, Kanada, Australien, Japan

Cover: Foto ©ninafisch / pixelio.de

Weitere Bücher finden Sie auf **www.hansebooks.com**

Lehrbuch
der
Elemente der Philosophie.

Von

Jacob Balmes,
Priester.

Aus dem Spanischen übersetzt

von

Dr. Franz Lorinser,
fürstbischöfl. Consistorial-Rath und Pfarrer von St. Mathias in Breslau.

Erste Abtheilung:
Logik.

Zweite, verbesserte Auflage.

Lehrbuch der Logik.

Von

Jacob Balmes,
Priester.

Aus dem Spanischen übersetzt

von

Dr. Franz Lorinser,
fürstbischöfl. Consistorial-Rath und Pfarrer von St. Mathias in Breslau.

Zweite, verbesserte Auflage.

Regensburg.
Druck und Verlag von Georg Joseph Manz.
1861.

Aus der Vorrede des Uebersetzers
zur ersten Auflage.

Zur Uebersetzung des vorliegenden Compendiums der Elemente der Philosophie hat die nächste Veranlassung das tief gefühlte Bedürfniß gegeben, welches im katholischen Deutschland eben so, wie in der heutigen katholischen Welt überhaupt vorhanden ist, ein Handbuch zu besitzen, das die Resultate der wahren Philosophie in geeigneter Form, gleichweit entfernt von ephemerer Neuerungssucht, wie von starrem Festhalten des Althergebrachten ohne Berücksichtigung der Bedürfnisse der gegenwärtigen Zeit, und der wirklichen Fortschritte, welche die wahre Wissenschaft gemacht hat, in klarer und übersichtlicher Weise zusammenfasse, und als Lehrbuch für die ersten philosophischen Studien sich in jeder Hinsicht brauchbar erweise. Daß es an einem solchen Buche wirklich bisher noch gefehlt habe, beweist der außerordentliche Beifall, den das vorliegende gefunden, und die schnelle und allgemeine Verbreitung, die es erlangt hat. Ohne uns irgend ein Urtheil über den Werth der vielen philosophischen Compendien erlauben zu wollen, welche zumal in denjenigen Ländern, wo der Unterricht noch in den Händen der Kirche sich befindet, eingeführt waren, und zum Theil noch sind, läßt es sich doch nicht läugnen, daß Alle mehr oder minder lokal, und im Dunkel der Verborgenheit geblieben, und fast nur denen bekannt geworden, die das Glück oder Unglück hatten, ihre Studien nach ihnen einrichten zu müssen; und gewiß ist es, daß Viele schon ihrer Form wegen, die regelmäßig eine barbarisch lateinische war, und wenig Anknüpfungspunkte an das frische gegenwärtige Leben darbot, auch nur einen geringen und matten Eindruck in den Schülern zurücklassen konnten. Wie viel Gutes auch in den Compendien von Dmowsky, Bonelli 2c. enthalten sein mag, sie sind im Ganzen ziemlich unbekannte Größen geblieben, und ihre Namen sind kaum anderswo, als in den Collegien, wo sie eingeführt sind, bekannt.

Nicht so verhält es sich mit dem Lehrbuch, das wir in's Deutsche zu übersetzen unternommen haben. Der Verfasser desselben, einer der größten Männer, welche der katholische Clerus in der neueren Zeit aufzuweisen hatte, besaß eine so allseitige Wissenschaft, eine so tiefe Erkenntniß der Bedürfnisse unserer Zeit, eine so wahrhaft dem Leben und nicht bloß der Schule entwachsene Bildung, daß er vollkommen im Stande war, seine tiefen philosophischen Studien in lebendige Beziehung zur Wirklichkeit und zum Leben zu bringen. Sein Werk hat er in spanischer Sprache verfaßt, und es später, auf den Wunsch des Erzbischofs Affre von Paris, in's Lateinische übersetzt, damit es in den geistlichen Seminarien Frankreichs, wo die lateinische Lehrmethode üblich ist, eingeführt werden könne. Ob diese Uebersetzung zum Vortheil des Buches ausgefallen sei, lassen wir unentschieden, wie wir überhaupt, so lebhaft wir von der Nothwendigkeit der lateinischen Lehrmethode für gewisse theologische Disciplinen überzeugt sind, an der Zweckmäßigkeit derselben für die philosophischen unter den gegenwärtigen Zeitverhältnissen starke Zweifel hegen. Der Umstand, daß Balmes selbst sein Lehrbuch zuerst spanisch geschrieben, läßt vermuthen, daß er hierin derselben Meinung gewesen. Doch, abgesehen von der Form, ist der Inhalt dieses Lehrbuches so vortrefflich, so gut und klar geordnet, daß der französische und spanische Episcopat zum großen Theil das Handbuch von Balmes in den von ihm abhängigen Lehranstalten eingeführt hat*). Eine französische Uebersetzung desselben ist angekündigt worden, und wir haben Grund zu vermuthen, daß in England und Italien die gleiche, verdiente Anerkennung nicht ausbleiben werde.

Durch Uebersetzung dieses Buches in die deutsche Sprache glaubten wir deßhalb eine nicht überflüßige oder vergebliche Arbeit übernommen zu haben. Wie wichtig es sei, nicht bloß für jeden gebildeten Katholiken überhaupt, um vor vielen gangbaren Irrthümern und falschen Principien sich zu hüten, die in der Welt circuliren und mit der Wahrheit unvereinbar sind, — um so gefährlicher, je weniger sie ihr offen zu widersprechen scheinen —, als insbesondere für den angehenden Theologen, der der Philosophie schlechterdings nicht entbehren kann, so großer Mißbrauch auch zuweilen hier mit

---

*) Auch in Deutschland ist ihm an mehreren Orten diese Auszeichnung zu Theil geworden.

Anm. zur zweiten Ausgabe.

derselben getrieben werden mag: daß die nothwendigen philosophischen Grundwahrheiten klar und deutlich begründet, und wissenschaftlich geordnet ihm dargeboten werden, braucht, in Deutschland zumal, wohl nicht erst bewiesen zu werden. Nichts anderes, als diese Wahrheit liegt den mannigfaltigen Bestrebungen zu Grunde, welche auf philosophischem Wege eine Einleitung für die wissenschaftliche Theologie anzubahnen suchen. Wie gefährlich aber auch hier gerade der Irrthum, und wie bedenklich es sei, den Glaubenswahrheiten in dieser Weise ein nicht genug haltbares Fundament zu unterstellen, liegt wiederum auf der Hand. Wollte die Kirche der menschlichen Vernunft und Wissenschaft hier völlig freien Spielraum lassen, so würde sie sich genöthigt sehen, zuzugeben, daß die verschiedenen philosophischen Sekten und Schulen, welche einander in den wesentlichsten Punkten widersprechen, und darum nothwendig nicht alle wahr sein können, ihrer göttlichen Wahrheit in anmaßlicher Weise als Fundament sich unterbreiteten.

Ein Buch, das, gleich weit entfernt von der thörichten Anmassung, alle Wissenschaft von Grund aus neu construiren zu wollen, wie von starrer Zähigkeit im Weiterschleppen des hergebrachten Ballastes, sich eben so gewissenhaft an das gute Alte anschließt, wie es andererseits den Zeiten, die sich geändert haben, Rechnung trägt, kann deßhalb nur willkommen sein.

Für Deutschland, das sich im Punkte der Philosophie über alle anderen Nationen erhaben zu fühlen pflegt, wird es freilich gewissermaßen bemüthigend erscheinen, wenn ihm zugemuthet wird, von einem Spa-

nier ein Handbuch der Philosophie zu empfangen; es
wird sich aber nichtsdestoweniger zu einem solchen Durch=
gange durch das Caudinische Joch bequemen müssen, so
lange es uns nicht eine auf eigenem Boden gewachsene
Frucht darzubieten vermag, welche dieses Produkt des
Auslandes überträfe oder ihm gleichkäme. Und hier
werden wir uns nicht mit einem im Geiste irgend einer
neueren philosophischen Sekte, die sich uns als im aus=
schließlichen Besitz des Privilegiums der Wahrheit an=
kündigt, geschriebenen Compendiums begnügen können,
sondern fordern müssen, daß man auf den allgemeinen
katholischen Standpunkt sich stelle, den Leistungen der
ausgezeichneten katholischen Denker aller Länder und
Zeiten Rechnung trage, und daß die angebotene Wahr=
heit in Form und Inhalt für Jedermann, auch für
das Ausland, genießbar sei.

Was die besonderen philosophischen Verdienste von
Balmes betrifft, so genügt die Bemerkung, daß der=
selbe, ein wie großer Philosoph und tiefer Forscher
er auch gewesen, doch keineswegs eine philosophische
Sekte gestiftet, oder ein neues, absonderliches System
aufgestellt, sondern anknüpfend an die wahre Philo=
sophie, die in ihren Grundzügen in der katholischen
Kirche stets vorhanden war, gründet er sich hauptsäch=
lich auf die Sonne der katholischen Wissenschaft, den
heil. Thomas von Aquin, und es steht mithin
nicht zu fürchten, daß irgend eine ephemere, einseitige
Auffassungsweise die Grundlage seiner Wissenschaft bilde.

Die vorliegende Uebersetzung ist nach der letzten
Ausgabe des spanischen Originales bearbeitet, und da=

bei die an einigen Stellen kürzere lateinische Ausgabe berücksichtigt worden. Wo, besonders rücksichtlich der Anordnung der Materien, eine Verschiedenheit beider Ausgaben obwaltet, glaubten wir uns an die spanische halten zu müssen, an welche der Verfasser die letzte Hand gelegt zu haben scheint. Sie führt den Titel: Curso de Filosofia Elemental por D. Jaime Balmes, presbytero. (Logica. — Metafisica. — Etica. — Historia de la Filosofia.) Paris 1851. (Die Original=ausgabe ist in Barcelona 1847 erschienen.)

Wie im Original, soll das ganze Lehrbuch, das zusammen einen starken Oktavband füllt, auch im Deut=schen in vier gesonderten Abtheilungen erscheinen, von denen die erste die Logik, die zweite die Metaphysik, die dritte die Ethik und die vierte die Geschichte der Philosophie enthalten wird. Die Metaphysik, welche den größten Umfang hat, ist vom Verfasser wie=derum in Aesthetik (Lehre von der Sensibilität), reine Ideologie, allgemeine Grammatik, Psycho=logie und Theodicee eingetheilt.

Die Uebersetzung schließt sich, wo es immer mög=lich, wortgetreu dem spanischen Originale an, was um so nothwendiger, aber auch theilweise schwieriger war, als das ganze Compendium in der gedrängtesten Kürze abgefaßt ist. Die philosophischen termini technici an=langend, so haben wir uns, bei der Vieldeutigkeit der deutschen Ausdrücke, zuweilen in einiger Verlegenheit befunden; wo ein Mißverständniß leicht möglich war, ist entweder der dem Lateinischen entlehnte Ausdruck bei=behalten, oder dem deutschen ein synonymer in Parenthese beigesetzt worden. Die Citationen seiner speciellen philosophischen Werke, auf die der Verfasser häufig verweist, glaubten wir auch in der deutschen Uebersetzung nicht weglassen zu dürfen, und wir bemerken nur, daß unter dem in der Logik häufig citirten „Kriterium" eine ausführlichere populäre Logik zu verstehen sei, die Balmes unter dem Titel: El Criterio herausgegeben, und von der eine französische Uebersetzung unter dem Titel: L'art d'arrivrer au vrai, vorhanden ist, nach welcher, wie wir hören, gegenwärtig auch eine deutsche bearbeitet wird. Die Filosofia fundamental, auf welche sich Balmes in den späteren Theilen seines Compendiums zuweilen bezieht, ist ein größeres philosophisches Werk, dessen Uebersetzung wir, wenn Gott Zeit und Kräfte gibt, später selbst vorzunehmen Willens sind*). — Die neben den Kapiteln und Abschnitten fortlaufenden Numern entsprechen genau der spanischen Ausgabe.

Was die erste Abtheilung, die Logik, insbesondere betrifft, so sei es uns schließlich zu bemerken erlaubt, daß man aus ihr allein keinen hinreichenden Schluß auf den Charakter der übrigen Abtheilungen machen könne. Die Logik ist ihrer Natur nach der trockenste Theil der Philosophie, und es hat sich überdies der Verfasser hier mehr als anderswo an die hergebrachte Form der Schule halten müssen, die, wie trocken sie auch sein mag, nichts-

---

*) Das Criterio ist unter dem Titel: „Weg zur Erkenntniß des Wahren" übersetzt von Th. Nissl, und die Filosofia fundamental unter dem Titel: „Fundamente der Philosophie" in vier Bänden übersetzt vom Herausgeber der „Elemente" seitdem bei demselben Verleger vollständig erschienen.
Anm. zur zweiten Auflage.

destoweniger ihre Vorzüge besitzt, und gegenwärtig gewiß zu sehr vernachläßigt wird.

Wen es Wunder nehmen sollte, in einer in jetziger Zeit erscheinenden Logik die aristotelischen Eintheilungen der Urtheile und Syllogismen, ja sogar das berüchtigte Barbara Celarent der Scholastik figuriren zu sehen, den erinnern wir einerseits daran, daß Balmes selbst auf viele dieser Eintheilungen und Regeln kein Gewicht legt, und sie mehr der historischen Kenntnißnahme wegen angeführt hat, als weil sie zur Klarmachung der Begriffe nothwendig wären; andererseits ist es aber auch gewiß, daß eine so schwebende und nebelnde Philosophie, wie sie heut zu Tage nur zu oft die Köpfe der Schüler in Verwirrung bringt, nie hätte entstehen können, wenn man nicht in unwissender Verachtung der Scholastik das Kind mit dem Bade ausgeschüttet, und auf die argumentatio in forma, die zum richtigen und klaren Denken einmal unentbehrlich ist, nicht bloß in der äußeren Form, sondern auch nicht selten im inneren Wesen vergessen hätte. Möge man daher die scholastische Trockenheit in der Logik als etwas mit dieser trockenen Disciplin, bis auf einen gewissen Grad, Unzertrennliches hinnehmen, und nicht als einen Mangel an Eigenthümlichkeit des Verfassers ansehen, was in der Natur der Sache begründet ist. Ein Gleiches kann von den übrigen Theilen des Balmesischen Werkes nicht gesagt werden, die sowohl in ihrem Inhalte interessanter, als auch in der Form eigenthümlicher sind.

Inhalt der Logik.

	Seite
Aus der Vorrede des Uebersetzers zur ersten Auflage	V
Vorwort des Verfassers	3

Vorbegriffe.

I. Kapitel. Objekt und Nutzen der Logik	5
II. Kapitel. Fähigkeiten der Seele, für deren Leitung die Logik zu sorgen hat	7

Erstes Buch.

Die Hilfs-Vermögen.

I. Kapitel. Regeln für die richtige Anwendung der Sinne	11
II. Kapitel. Die Einbildungskraft	20
I. Abschnitt. Imaginatives Gedächtniß	20
Beziehung des Raumes oder Ortes	22
Beziehung der Zeit	22
Beziehung der Ursache und Wirkung	23
Beziehung der Aehnlichkeit	24
Regeln, um die Täuschungen der Einbildungskraft zu vermeiden	24
II. Abschnitt. Erfinderische Seite der Einbildungskraft	26
III. Kapitel. Die innere Sensibilität oder das Gefühlsvermögen	29
Regeln, um das Gefühl richtig zu leiten	29

Zweites Buch.

Das Hauptvermögen: die Intelligenz.

	Seite
I. Kapitel. Die Intelligenz im Allgemeinen	34
I. Abschnitt. Objekt der Intelligenz	34
II. Abschnitt. Die Aufmerksamkeit	35
III. Abschnitt. Eintheilung der Akte der Intelligenz	36
II. Kapitel. Das Begreifen	37
I. Abschnitt. Definition und Eintheilung des Begreifens und der Ideen	37
II. Abschnitt. Regeln, um richtig zu begreifen	41
III. Abschnitt. Ausdruck der Ideen und ihrer Objekte	45
III. Kapitel. Hilfs-Operationen für das richtige Begreifen	47
I. Abschnitt. Die Definition	47
Regeln für die Definition	50
II. Abschnitt. Die Eintheilung	51
Regeln	53
IV. Kapitel. Das Urtheil und die Behauptnng	55
I. Abschnitt. Definition des Urtheils und der Behauptung	55
II. Abschnitt. Eintheilung der Behauptungen	56
III. Abschnitt. Regeln über die Ausdehnung des Subjektes	59
IV. Abschnitt. Regeln über die Ausdehnung des Prädikates	60
V. Abschnitt. Umkehr der Behauptungen	63
VI. Abschnitt. Entgegenstellung (Opposition) der Behauptungen	66
Regeln	68
VII. Abschnitt. Aequivalenz der Behauptungen	69
VIII. Abschnitt. Zusammengesetzte Behauptungen	70
§. 1. Copulative Behauptungen	70
Regel	71
§. 2. Disjunctive Behauptungen	71
Regel	72
§. 3. Conditionale Behauptungen	72
Regel	73
§. 4. Causale, exclusive, exceptive, restriktive, rebuplikative, principale und accidentelle Behauptungen	73
IX. Abschnitt. Die falsche Supposition	76

Inhalt. XV

	Seite
X. Abschnitt. Ordnung der Termini	77
XI. Abschnitt. Wahrheit, Gewißheit, Meinung, Zweifel	78
V. Kapitel. Das Schließen	80
I. Abschnitt. Das Schließen im Allgemeinen	80
II. Abschnitt. Definition und Eintheilung des Syllogismus	82
III. Abschnitt. Regeln für die einfachen Syllogismen	83
IV. Abschnitt. Figuren und Arten des Syllogismus	86
V. Abschnitt. Zusammengesetzte Syllogismen	90
VI. Abschnitt. Verschiedene Arten der Argumentation	93
VII. Abschnitt. Paralogismen und Trugschlüsse	97
VIII. Abschnitt. Zurückführung aller Regeln des Schließens auf eine einzige	99

Drittes Buch.

Die Methode.

I. Kapitel. Die Kriterien	103
I. Abschnitt. Kriterium des Bewußtseins oder des innersten Sinnes	104
Regeln	106
II. Abschnitt. Kriterium der Evidenz	106
Regeln	109
III. Abschnitt. Kriterium des allgemeinen gesunden Sinnes	109
Bedingungen dieses Kriteriums	112
II. Kapitel. Wie wir uns zu verhalten haben in den verschiedenen Fragen, die sich unserem Geiste darbieten können	113
I. Abschnitt. Allgemeine Klassifikation der Fragen	113
II. Abschnitt. Fragen nach der Möglichkeit	114
§. 1. Metaphysische oder absolute Unmöglichkeit	114
Regeln	114
§. 2. Physische oder natürliche Unmöglichkeit	116
Regeln	117
§. 3. Gewöhnliche oder moralische Unmöglichkeit	119
Regeln	119
§. 4. Unmöglichkeit des allgemeinen gesunden Sinnes	120
Regeln	121
III. Abschnitt. Fragen nach der Wirklichkeit	122
§. 1. Coexistenz und Succession	122
Regeln	123

	Seite
§. 2. Urtheile über die menschlichen Handlungen	125
Regeln	126
§. 3. Die menschliche Autorität	127
Regeln	128
IV. Abschnitt. Fragen über die innere Natur der Dinge	130
V. Abschnitt. Anwendung der Hypothese	132
VI. Abschnitt. Synthese und Analyse	133
VII. Abschnitt. Nothwendigkeit der Anstrengung	135
VIII. Abschnitt. Die Lektüre	136
IX. Abschnitt. Die Besprechungen und Disputationen	138
X. Abschnitt. Das Studium oder die Meditation	139
XI. Abschnitt. Praktische Fragen	140
Endresultat	143

Logik.

Vorwort.

Als ich dieses Buch schrieb, vergaß ich nicht die Bemerkungen, die ich in dem „Criterium" ausgesprochen hinsichtlich der Nothwendigkeit, die ideologischen und psychologischen Fragen für die anderen Theile der Philosophie aufzusparen. Ich versuchte demgemäß, auf kurze und klare Regeln Alles das zurückzuführen, was erforderlich ist, um richtig zu denken, und enthalte mich der Erörterung schwieriger Fragen, welche die Fassungskraft der Jünglinge, die zum ersten Mal die Hallen der Wissenschaft betreten, übersteigt. Wenn ich in den nachfolgenden Theilen zu diesen Untersuchungen kommen werde, werde ich die Beziehungen hervorheben, welche sie zur Logik haben können. Ich gebe zu, das einige jener Regeln und die Gründe, worauf sie sich stützen, besser verstanden werden, nachdem man bereits gründliche Studien über die Ideologie und Psychologie gemacht hat, und daß in analytischer Ordnung jene beiden Wissenschaften der Kunst des Denkens vorangehen. In den Lehrbüchern sucht man jedoch nicht die am meisten philosophische, sondern die für den Unterricht nützlichste Methode. Aus diesem Grunde hat man stets unterschieden zwischen der Methode des Unterrichtes und der der Erfindung.

Was die Auseinandersetzung der dialektischen Formen betrifft, so habe ich eine Mittelstrasse gehalten: ich lege ihnen weder übermäßige Wichtigkeit bei, noch schätze ich sie weniger, als sie es verdienen; ich übergehe das Ueberflüssige, ohne das Nützliche zu vergessen.

Da die Kunst des Denkens nicht durch bloße Regeln erlernt wird, so hätte ich gern die Beispiele, welche ihre Anwendung zeigen, noch vermehrt; doch fürchtete ich, das Werk zu stark zu machen, während es meine Absicht war, es auf die möglichst geringste Ausdehnung zurückzuführen. Ueberdies glaubte ich mich kürzer fassen zu können, da ich die Citationen des Criterium beisetze, wo die betreffenden Erweiterungen nachgesehen werden können.

Vorbegriffe.

I. Kapitel.
Objekt und Nutzen der Logik.

1. Zweck der Logik ist, uns die Wahrheit erkennen zu lehren. Die Wahrheit ist die Wirklichkeit. Verum est id, quod est; wahr ist dasjenige, was ist, sagt der heilige Augustinus. Die Wahrheit kann in zweifacher Weise betrachtet werden: in den Dingen und in der Erkenntniß. Die Wahrheit in dem Dinge ist das Ding selbst; die Wahrheit in der Erkenntniß ist die Kenntniß des Dinges, wie es an sich ist. Die erstere nennen wir reale, oder objektive Wahrheit; die letztere formale oder subjektive. Die Sonne existirt, ist eine reale Wahrheit, eine Wahrheit in der Sache; ich erkenne, daß die Sonne existirt, ist eine formale Wahrheit, eine Wahrheit in der Erkenntniß.

Die Kenntnisse haben keinen Werth, wenn sie der Wahrheit entbehren. Wozu nützt eine Menge von Gedanken, denen nichts in der Wirklichkeit entspricht? Die Erkenntniß muß uns in Verbindung mit den Objekten setzen; wenn sie dieselben nicht so erkennt, wie sie in sich sind, so besteht diese Verbindung nicht; denn dann bezieht sich die Erkenntniß nicht auf das wirkliche Objekt, sondern auf eine andere Sache. (Siehe Criterium. Kap. I.)

2. Die natürliche Logik ist die Anlage, welche die Natur uns gegeben hat, die Wahrheit zu erkennen. Diese Anlage kann vervollkommnet werden durch Regeln, welche auf die Vernunft und die Erfahrung sich gründen.

Es gibt Regeln, um den Geist zur Erkenntniß der Wahrheit hinzuleiten, und es gibt Grundsätze, auf welche diese Regeln sich stützen; die Verbindung dieser Regeln und dieser Grundsätze bildet die künstliche Logik. In so fern sie die Regeln vorschreibt, ist sie Kunst; in so fern sie den Grund dieser Regeln aufzeigt, ist sie Wissenschaft. Die Kunst schreibt z. B. die Regeln für eine gute Erklärung vor; die Wissenschaft gibt den Grund des in der Regel Vorgeschriebenen an; die Kunst sagt, welches die rechtmäßigen Schlußfolgen seien; die Wissenschaft lehrt den Grund ihrer Rechtmäßigkeit.

Kunst ist eine Verbindung von Regeln, um eine Sache gut zu verrichten. Es ist aber möglich, eine Verbindung von Regeln zu bilden, um zur Erkenntniß der Wahrheit zu gelangen. Da also die Wahrheit Gegenstand unserer Erkenntniß ist, so muß es auch einen Weg geben, um zu ihr zu gelangen, welchen das Nachdenken uns erkennen lassen kann. Ist dieser Weg durch eine Verbindung von Regeln vorgezeichnet, so haben wir hierin die Kunst der Logik.

Die Erkenntnißkraft ist keine blinde Fähigkeit; wenn sie einen Weg verfolgt, weiß sie, oder kann sie wenigstens wissen, warum sie ihn verfolgt; sie ist also fähig, den Grund der Regeln anzugeben, welche sie beobachtet, um zur Erkenntniß der Wahrheit zu gelangen. Die Verbindung dieser Gründe wird die Wissenschaft der Logik sein.

Die künstliche Logik können wir mithin definiren, indem wir sagen, daß sie die Verbindung der Regeln, welche uns zur Kenntniß der Wahrheit führen, und der Gründe sei, auf welche dieselben sich stützen.

Die künstliche Logik kann uns nützlich sein; denn wenn die Erkenntniß dazu dient, unsere anderen Fähigkeiten zu leiten, so ist es klar, daß sie mittelst der Reflexion auch sich selbst leiten kann.

II. Kapitel.

Fähigkeiten der Seele, für deren Leitung die Logik zu sorgen hat.

3. Die Wahrheiten sind von verschiedener Art. Denn da die Wahrheit das Ding selbst ist, so ergibt sich aus der Verschiedenheit der Dinge auch die Verschiedenheit der Wahrheiten. Dies ist eine Haupt- und Grundregel. Nicht alle Wahrheiten müssen auf eine und dieselbe Weise gesucht werden. Wer in den moralischen Wissenschaften eben so zu Werke gehen wollte, wie in den mathematischen, in den Erfahrungswissenschaften eben so, wie in den exacten, wer die Wahrheit in der Literatur und den schönen Künsten auf eben solche Weise suchen wollte, wie in den Wissenschaften, würde in die größten Irrthümer verfallen. Jede Klasse von Wahrheiten verlangt eine besondere Methode, von welcher man nicht absehen darf.

4. Der Mensch hat, außer dem Erkenntnißvermögen, noch andere Fähigkeiten, die ihn in Verbindung mit den Dingen setzen; eine gute Logik darf sich daher nicht auf das Erkenntnißvermögen allein beschränken, sondern hat sich über Alles zu verbreiten, was darauf Einfluß haben kann, daß wir die Dinge erkennen, wie sie sind.

Die Vermögen unserer Seele, mit denen die Logik sich beschäftigen muß, sind: die **äußere Sensibilität**, die **Einbildungskraft (Phantasie)**, die **innere Sensibilität** (oder das Empfindungsvermögen) und endlich die **Intelligenz** (Verstand, Vernunft).

5. Die äußere Sensibilität ist jenes Wahrnehmungsvermögen, das durch die fünf Sinne, das Gesicht, das Gehör, den Geschmack, den Geruch und das Gefühl ausgeübt wird. Dieses setzt uns in Verbindung mit der Körperwelt.

6. Die Einbildungskraft ist das Vermögen, in unserem Inneren die Eindrücke der Sinne zu reproduciren (wie-

der hervorzurufen) unabhängig von der Anwendung der letzteren, und sie auf verschiedene Weise zu verbinden, ohne sie nothwendig der Ordnung unterwerfen zu müssen, in der wir sie erfahren haben. Obgleich ich eine Pyramide, die ich gesehen, nicht vor mir habe, rufe ich dennoch ihr Bild in meinem Inneren hervor. Dies ist ein Akt der Einbildungskraft, der unabhängig von dem Sinne selbst ausgeübt wird. Ich habe Berge gesehen und habe Gold gesehen; niemals jedoch habe ich goldene Berge gesehen; dennoch kann ich sie mir, wenn ich will, sehr gut vorstellen, indem ich die beiden Sensationen (sinnlichen Vorstellungen), Gold und Berge, verbinde, obwohl ich dieselben niemals in der Wirklichkeit verbunden gefunden habe. Ich habe Thiere gesehen und Locomotiven der Eisenbahn; wenn ich mir ein lebendiges Ungeheuer vorstelle von der Größe und den Formen der Locomotive, und das Geräusch dieser in Geheul, und den Dampf, den sie aushaucht, in feurigen Athem verwandle, der aus dem Munde und der Nase des Ungeheuers hervorkommt; so bilde ich durch Verbindung zweier Sensationen ein Wesen, das in der Wirklichkeit nicht existirt.

7. Schwer ist es, mit Worten auszudrücken, was unter **innerer Sensibilität** verstanden wird; gleichwohl wollen wir sie jenes feine Vermögen nennen, das uns in Beziehung zu den Objekten bringt, unabhängig von der besonderen Natur der äußeren Sensation, der Einbildungskraft und der Erkenntniß. Diese Erklärung wird besser durch Beispiele verstanden werden.

Denken wir uns einen schwer verwundeten Menschen. Alle sehen dieselbe Wunde, wissen ihre Ursache, vermuthen ihre Folge. Der Sinn, die Einbildungskraft, die Erkenntniß ist bei Allen gleich. Eine Frau tritt in den Kreis; ein lauter Schrei entfährt ihrer Brust. Hat sie etwas gesehen, oder sich vorgestellt, oder erkannt, was nicht auch die Anderen gesehen und gewußt? Nein; aber sie hat etwas empfunden, was jene nicht empfanden; sie ist die Mutter des Opfers. Hier haben wir das Gefühl. Unter diesem Vermögen sind hier alle Leidenschaften mitbegriffen.

8. Die Intelligenz, in ihrer größten Allgemeinheit genommen, ist das Vermögen, die Dinge zu erkennen. Diese können auf eine und dieselbe Weise erkannt werden, und gleichwohl die Objekte sehr verschiedener Sensationen, Einbildungen und Gefühle sein.

9. Vereinigen wir in einem einzigen Beispiel die Ausübung der vier erklärten Vermögen. Denken wir uns einen Teich, der den Blicken mehrerer Personen ausgesetzt ist. Das Wasser des Teiches ist der Gegenstand 1) der äußeren Sensibilität, d. h. des Gesichtssinnes; 2) der Einbildungskraft für Jemanden, der seine Augen vom Teiche abwendet, ihn aber in seinem Innern gegenwärtig behält; 3) der inneren Sensibilität für einen der Beschauer, welcher sich erinnert, in demselben Teiche eine geliebte Person ertrinken gesehen zu haben, oder an irgend ein anderes unangenehmes oder angenehmes Ereigniß; 4) des Verstandes für den Mathematiker, welcher die Oberfläche des Teiches berechnet; für den Naturforscher, welcher die Eigenschaften des Wassers untersucht; für den Arzt, welcher sich mit dem Einfluß der Ausdünstungen desselben auf die Gesundheit der Bewohner der Umgegend beschäftigt.

10. Die Erkenntniß und das Urtheil über die Wahrheit befindet sich allein im Verstande. Die übrigen Vermögen leisten ihm Hilfe, indem sie äußere Gegenstände und Empfindungen der Seele ihm darbieten; allein sie selbst erkennen nicht. Die Natur hat sie uns gegeben, um uns in Verbindung mit den Objekten zu bringen, um uns dieselben unter gewissen Formen darzustellen und uns in verschiedener Weise zu afficiren; allein stets bleibt die wahre Erkenntniß dem höheren Vermögen vorbehalten, welches alle inneren und äußeren Akte des Menschen beherrschen soll, dem Verstande.

11. Gleichwohl hat der Verstand diese Vermögen so sehr und so ununterbrochen nothwendig, daß, wenn wir nicht ver-

stehen, sie richtig anzuwenden, wir in viele Irrthümer verfallen. Wenn also auch der Verstand das Vermögen ist, welches die Logik vorzugsweise zu regeln sich vorsetzt, so darf sie doch auch die anderen nicht außer Acht lassen, wenn sie erreichen will, was sie beabsichtigt.

Da diese Hilfs-Vermögen sich in unmittelbarer Verbindung mit den Objekten befinden, welche dem Verstande fehlt, der, um zu erkennen, nothwendig hat, daß jene ihm Stoff darbieten, oder ihn in irgend einer Weise anregen; so folgt, daß wir häufigen Irrthümern ausgesetzt sind durch die zweideutigen Erkenntnisse, welche jene uns gewähren. Sie sind, so zu sagen, Zeugen, deren Mangel an Wahrhaftigkeit den Verstand irre leitet. Ehe wir daher von diesem Vermögen handeln können, werden wir Regeln aufzustellen suchen, welche man gegenwärtig haben muß, um zu vermeiden, daß jene Fähigkeiten ein Hinderniß auf dem Wege zur Wahrheit werden, die uns gegeben sind als ein Mittel, um zu ihrer Kenntniß zu gelangen.

Erstes Buch.
Die Hilfs-Vermögen.

I. Kapitel.
Regeln für die richtige Anwendung der Sinne.

12. Der unmittelbare Zweck der fünf Sinne besteht darin, uns mit der Körperwelt in Verbindung zu setzen. Doch beschränkt sich hierauf ihr Nutzen nicht, da unser Geist, durch die sinnlichen Eindrücke angeregt, auch die Kenntniß unkörperlicher Dinge erlangt.

Um die Sinne gut anzuwenden, ist die Beobachtung folgender Regeln nothwendig:

1.

13. Das Organ des Sinnes muß gesund sein. Die tägliche Erfahrung lehrt uns die Veränderungen, welche die Krankheiten in unserer Sensibilität hervorbringen. Einem ungesunden Gaumen schmeckt alles bitter; wer an einem heftigen Fieber leidet, empfindet in einem Zimmer von gemäßigter Temperatur unerträgliche Hitze oder Kälte.

2.

14. Es ist nothwendig, auf die Beziehung zwischen dem Organ des Sinnes und den Objekten

zu achten; sie muß den Gesetzen beider entsprechend sein.

Ein cylindrischer Körper von der Seite gesehen, zeigt uns seine Länge; und auf solche Weise betrachtet, daß der Gesichtsstandpunct gegen eine seiner Basen sich perpendikulär verhält, zeigt er einen Kreis. Während das Wasser von derselben Temperatur ist, erscheint es uns kalt oder warm, je nach der Disposition unserer Hand. Dasselbe Objekt zeigt sich uns in verschiedener Weise, je nachdem wir es durch Gläser von verschiedener Gestalt betrachten. Eine Landschaft bietet mehr oder minder lebendige Farben dar, je nachdem die Atmosphäre mehr oder weniger durchsichtig ist.

3.

15. **Jeder Sinn muß auf das ihm eigenthümliche Objekt sich beschränken.**

Alle Sinne haben besondere, ihnen zugehörige Objekte: das Gesicht die Farben, der Geruch die Gerüche u. s. w.

Wenn man verlangt, daß ein Sinn Zeugniß von Objekten gebe, die ihm nicht zugehören, so ist der Irrthum sehr leicht.

Wir haben öfters eine Speise gegessen, welche den Geruch A, die Farbe B und den Geschmack C hat. Hier sind drei Sinne beschäftigt, jeder mit dem ihm eigenthümlichen Objekt. Nehmen wir an, wir empfänden den Geruch A, ohne das Objekt zu sehen, das ihn verbreitet, und legten sofort dem geruchverbreitenden Körper die Farbe B und den Geschmack C bei. Es ist klar, daß wir leicht uns irren könnten, weil wir das Zeugniß eines Sinnes auf drei verschiedene Objekte ausdehnen; denn weil wir diese Eigenschaften in einem anderen Falle vereinigt gefunden haben, schließen wir, daß sie auch jetzt vereinigt sein müssen. Es leuchtet ein, daß derselbe Geruch A von einem Körper ausgehen könne, der nicht die Farbe B und den Geschmack C hat, sondern andere, von diesen verschiedene.

Das Gesicht urtheilt vor Allem über die Farben, und außerdem, in seiner Weise und unter gewissen Umständen, läßt es uns auch die Größen und Gestalten unterscheiden. Was jedoch diese letztere Erkenntniß betrifft, so ist es nicht immer ein competenter Richter, was schon aus der Veränderung hervorgeht, die eine und dieselbe Größe durch die Entfernungen erfährt; ferner aus der Verschiedenheit der Figur, die ein Gegenstand, je nach dem Gesichtspunkt, aus welchem er gesehen wird, darbietet; aus den Täuschungen, welche die Perspektive bereiten kann. In einer gewissen Entfernung erblicken wir einen Gegenstand, der uns hervorragend zu sein scheint, wie z. B. einen Sims, den Riegel einer Thüre oder etwas anderes Aehnliches; in Wirklichkeit ist es aber eine ebene Fläche, an welcher der Maler die Geschicklichkeit seiner Kunst bewiesen hat, wo der Schatten so vollkommen vertheilt, der Lichteffekt so genau berechnet ist, daß der Gegenstand aus der Ebene hervorzuragen scheint, und wir für einen wirklichen Körper halten, was nur perspektivisch gemalt ist.

Gleichwohl haben unsere Augen uns nicht getäuscht; sie zeigen uns, was sie uns zeigen sollen, den Gesetzen des Lichtes und des Sehens gemäß, welche fest stehen und bereits bekannt sind; was aus der Thatsache selbst hervorgeht, daß der Maler den Effekt seines Werkes berechnet hat, indem er auf sie sich verließ. Die Täuschung kommt uns also nicht von den Augen, sondern daher, daß wir den Sinn des Gesichtes zur Erkenntniß anderer, als der ihm eigenthümlichen Objekte, des Lichtes und der Farben, angewendet haben. Wie konnte der Irrthum vermieden werden? Dadurch, daß das Gefühl dem Gesicht zu Hilfe kam.

Wenn man einen viereckigen Thurm von weitem betrachtet, so erscheint er rund. Auch hier täuscht uns das Gesicht nicht; es zeigt uns den Gegenstand, wie es ihn zeigen soll. Aber wir verlangen von ihm, daß es in zu großer Entfernung und aus einem nicht geeigneten Gesichtspunkte zwischen der runden und viereckigen Figur unterscheide.

Das Gehör zeigt uns in vielen Fällen mit ziemlicher Richtigkeit die Entfernung eines Gegenstandes an, jedoch stets in Uebereinstimmung mit den Gesetzen der Akustik, welche fest und beständig sind, wie jene des Gesichtes. Wenn wir einen Bauchredner hören, so scheint es uns, die Stimme komme aus einem viel entfernteren Orte, als es in Wirklichkeit der Fall ist. Täuscht uns das Gehör? Nein; es sagt uns, was es uns sagen soll nach den Gesetzen seiner Natur; wir hingegen, die wir die außergewöhnlichen Umstände des tönenden Objektes nicht kennen, oder, wenn wir sie auch kennen, an dieselben nicht gewöhnt sind, erfahren eine vollständige Täuschung, und schreiben der Täuschung des Sinnes zu, was allein aus unserer Uebereilung im Urtheilen entsteht.

4.

16. Die Sinne müssen einander unterstützen, und ihr einstimmiges Zeugniß ist um so glaubwürdiger, je mehrere wir zur Erkenntniß desselben Objektes anwenden.

Die Speise, welche den Geruch A, die Farbe B und den Geschmack C hatte, ist vom Tische verschwunden, und man bringt eine andere, welche denselben Geruch verbreitet. Das Zeugniß des Geruches genügt nicht, um uns über ihre Identität zu vergewissern. Allein dem Geruche kommen die Augen zu Hilfe; sie hat nicht bloß denselben Geruch, sondern auch dieselbe Farbe. Anstatt eines Zeugen haben wir nun zwei; es vergrößert sich folglich die Wahrscheinlichkeit, daß die Speise dieselbe sei. Wenn zu diesem Zeugniß noch der Geschmack hinzugefügt wird, so haben wir statt zwei Zeugen drei, und können in diesem Falle über die Identität des Objektes gewiß sein.

5.

17. Das Zeugniß der Sinne gilt nicht, wenn diese unter sich in Widerspruch stehen; das Urtheil muß sich jenem Sinne zuneigen, der über sein ihm am meisten eigenthümliches Objekt entscheidet, und bei welchem die wenigste Störung in dem Mittel vorhanden ist.

Ein grader Stab, welcher in schräger Richtung in's Wasser gesetzt wird, erscheint uns krumm; die Hand findet ihn gleichwohl nach wie vor grade; das Urtheil muß der Entscheidung der Hand günstig sein, weil diese unmittelbar mit dem Objekt in Berührung kommt, und man darf dem Auge nicht glauben, welches durch ein nicht gewohntes Mittel, das Wasser, sieht.

6.

18. Das Zeugniß der Sinne kann nicht zugelassen werden, wenn es in Widerspruch mit den Naturgesetzen steht.

Eine einzige Person an einem Orte sieht, daß die Körper sich in die Luft erheben, ohne daß irgend eine Ursache vorhanden ist, welche diese Erscheinung hervorbringen konnte. In diesem Falle muß man glauben, daß alles die Wirkung ihrer Einbildungskraft oder einer augenblicklichen Ohnmacht war.

Wir handeln hier allein von der natürlichen Ordnung der Dinge, und sehen von wunderbaren Ereignissen ab.

7.

19. Das Zeugniß unserer Sinne kann nicht zugelassen werden, wenn es in Widerspruch mit dem der übrigen Menschen steht.

Wenn mehrere Personen in demselben Zimmer versammelt sind, und eine von ihnen ein Gespenst sieht, das den Raum durchschreitet, so wird die Erscheinung, wenn die Uebrigen nichts gesehen haben, ein bloßes Phantasiegebilde sein, und in Wirklichkeit es hier nur ein Produkt der Einbildungkraft geben.

8.

20. Das Zeugniß der Sinne ist verdächtig, wenn es dem gewöhnlichen Lauf der Dinge widerspricht.

In einer gewissen Entfernung sehen wir eine Person, die uns ein Ordenskleid, z. B. das des heiligen Franziscus zu tragen scheint; da wir im Jahre 1847 leben, wo es solche Mönche in Spanien nicht gibt, so ist es sehr wahrscheinlich, daß unsere Augen uns täuschen; im Jahre 1833 würde das Zeugniß des Gesichtes weniger verdächtig gewesen sein.

In einem Lande, wo Friede herrscht, hören wir eine lange Zeit hindurch ein Getöse, welches einem lebhaften Kanonendonner gleicht. In diesem Falle müssen wir glauben, daß das Ohr uns täuscht, und daß irgend eine andere Ursache vorhanden, die uns vorläufig verborgen ist; zur Zeit des Krieges wäre das Zeugniß des Gehöres von größerem Gewicht.

9.

21. Das Zeugniß der Sinne muß sich beschränken auf die Beziehungen, in welchen die Objekte mit unserer Sensibilität stehen, ohne sich auf die innere Natur der Sachen zu erstrecken.

Ein ungebildeter Mensch sieht ein weißes Papier; unterdessen wird ein Prisma dazwischen gebracht, welches die Lichtstrahlen theilt: das Papier bedeckt sich mit schönen Farben. Der Ungebildete sagt: „Dies kann das Licht nicht bewirken; man hat das Papier durch irgend einen Stoff gefärbt; dieses Glas kann eine solche Veränderung nicht hervorbringen." Der Ungebildete irrt sich; und warum? Weil er, anstatt auf das Objekt des Gesichtes sich zu beschränken, auf die innere Natur der Sachen schließen will; durch das bloße Sehen will er die Natur des Lichtes hinlänglich erkennen, indem er sagt, es sei unmöglich, daß dieses, durch das Prisma aufgefangen, die Erscheinung, welche ihn überrascht, hervorbringen könne.

Ein Anderer sieht, daß der Rauch in die Höhe steigt, und glaubt, daß dieser Körper nicht nach der Erde hin gravitire und kein Gewicht habe. Er irrt sich, weil er das Zeugniß des Gesichtes auf die Natur der Sache ausdehnt. Das Gesicht täuscht ihn nicht, indem es ihm den Rauch als emporsteigend zeigt. Die Täuschung beruht darin, aus dem bloßen Emporsteigen auf den Mangel an Schwere zu schließen.

Ein Körper bringt auf uns die Sensation des Geruches hervor; wir irren uns nicht in Betreff der Beziehung des Organes zu dem Objekte; wollen wir jedoch die Art und Weise bestimmen, wie das Organ afficirt wird, und das Medium, durch welches der Eindruck sich mittheilt, so sagt uns der Geruch hierüber nichts.

Im Allgemeinen ist das Zeugniß der Sinne ungenügend, um die innere Natur der körperlichen Objekte zu erkennen. Die Sensibilität ist uns gegeben, um Erscheinungen zu bemerken, um uns Erfahrungen zu verschaffen; die Bestimmung der Gesetze, welchen die Welt unterworfen ist, und die Kenntniß des Wesens der Objekte, gehört einem anderen Vermögen an, dem Verstande.

10.

22. **Die Sinne müssen ohne Vorurtheile angewendet werden.**

Die Erfahrung lehrt, daß die Sinne uns verschiedene Gegenstände darstellen, je nachdem unser Geist auf verschiedene Weise eingenommen ist. In einer dunklen Nacht wird eine furchtsame Person leicht einen Baum, dessen Aeste vom Winde bewegt werden, in ein drohendes Ungeheuer verwandeln. Zwei jener Aeste sind länger, als die anderen, und in ihrer Mitte erhebt sich ein Körper, welcher nichts anderes, als ein Theil des Stammes oder ein dickerer und kürzerer Ast, als die anderen, ist. Wer kann daran zweifeln, daß jener Körper der Kopf und die Aeste die Arme sind? Der Mensch sieht es, und kann an dem nicht zweifeln, was er vor Augen hat. In der Wirklichkeit aber existirt nichts anderes, als Furcht in seinem Leibe. Das furchtbare Ungethüm ist die unschuldigste Sache von der Welt. Wenn zu dem Furchtsamen andere hinzukommen, die ebenso furchtsam sind, so werden sie dasselbe sehen, wie er; weil sie durch die Furcht des Anderen in voraus eingenommen sind. Die furchtbare Erscheinung ist über allen Zweifel erhaben, wenn nicht ein vernünftiger Mensch hinzutritt und der Erscheinung die Natur eines Baumes zurückgibt.

Wenn die Sonne in Mitten wunderbarer Wolkengestalten untergeht, so ergötzt sich die Einbildungskraft zuweilen damit, die Wolken in wunderbare Figuren zu verwandeln. Bald ist es ein Schloß mit prächtigen Zinnen gekrönt, aus dessen Mitte ein colossaler Thurm emporsteigt: bald ein Riese auf einem Pferde, das größer ist, als das trojanische; bald ein Feuermeer, bedeckt von stolzen Schiffen und den schönsten Gondeln. Anfangs kostet es einige Mühe, die verschiedenen Theile zusammenzusetzen; aber nachdem das Gesicht eine Zeit lang in Uebereinstimmung mit der Einbildungskraft gearbeitet hat, fehlt wenig, daß die Täuschungen sich in Wirklichkeiten verwandeln; es scheint, als ob wir uns nicht etwas einbildeten, sondern es sähen.

Die Meinungen, die Wünsche, die Autorität, alles dies hat den größten Einfluß auf unsere Sinne. Oft habe ich gedacht, das vortheilhafte Urtheil über ein Orchester würde nicht so einstimmig sein, wenn man nicht schon vorher wüßte, daß die Musik vortrefflich ist, und die Kunstverständigen, oder die dafür gehalten werden, es nicht schon im Anfang gehalten hätten. Am Schlusse sind Alle bezaubert; und obgleich nicht Wenige eine wahre Komödie spielen, indem sie äußern, was sie nicht fühlen, so gibt es doch auch Andere, die in dem besten Glauben der Welt die Melodie verstanden zu haben meinen, wiewohl sie ein härteres Trommelfell haben, als die Rindshaut eines Tambours.

Ein aufgebrachter Mensch hat ganz deutlich ein höhnisches Lächeln auf den Lippen seines Feindes gesehen, während dieser nicht einmal daran dachte, daß jener sich beleidigt glaubte, und die Lippen nur deßhalb zusammenpreßte, um ein offenes Gähnen zu vermeiden und nicht unhöflich zu erscheinen. Als Demosthenes auf dem Schlachtfelde die Flucht ergriff, war er fest überzeugt, daß ihn Jemand beim Mantel packte, während es

doch nur die Sträucher waren, in welche der Entfliehende sich
verwickelt hatte.

11.

23. **Um die Sinne zu vervollkommnen, ist es
nöthig, sie durch viele und wohl eingerichtete Uebung
heranzubilden.**

Alle Menschen bedürfen dieser allmähligen Heranbildung,
selbst rücksichtlich der allergewöhnlichsten Objekte. In dem Noth=
wendigsten gewährt sie uns die Natur selbst, in dem Maße als
unser Organismus sich entwickelt und erstarkt. Es ist wahr=
scheinlich, daß, wenn wir anfangen zu sehen, wir nicht richtig
sehen; und dasselbe muß auch bei den anderen Sinnen der
Fall sein. Durch die Erfahrung berichtigen sich die Irrthümer;
und wenn der Mensch fähig ist, über dieselben nachzudenken,
hat ihn die Natur schon in der Weise herangebildet, daß er sie
nicht mehr zu erleiden braucht.

Die Vervollkommnungsfähigkeit der Sinne dehnt sich bis
zu einem unberechenbaren Grade aus, wie die Feinheit beweist,
welche bei den Blinden das Gehör und das Gefühl erlangen
können. Diejenigen, welche mit einer gewissen Klasse von Ob=
jekten sich beschäftigen, erlangen durch die Uebung eine Fertigkeit
und Vollkommenheit des Sinnes, welche die Ungeübten in Er=
staunen setzt. Wie viele kleine Unterschiede bemerkt nicht ein Mu=
siker, welche den Anderen gänzlich entgehen, auch wenn sie von Na=
tur ein eben so feines Gehör, wie er, haben? Wie viele, nicht
bloß künstlerische, sondern bloß im Gesichtssinn begründete Schat=
tirungen bieten sich dem Auge eines geübten Malers dar, die
Andern gänzlich verborgen bleiben, die selbst ein noch besseres
Gesicht besitzen, aber sich nicht mit der Malerei beschäftigt
haben? Der Gaumen, der Geruch, das Gefühl vervollkommnen
sich durch Uebung; wer an feine Speisen gewöhnt ist, bemerkt
mit großer Leichtigkeit die kleinsten Unterschiede des Gewürzes.
Wer viele Wohlgerüche eingeathmet hat, unterscheidet sie schnell
und mit Genauigkeit. Eine Veränderung der Leibwäsche, die

eine rohe Person nicht bemerkt, wird zuweilen unerträglich für den, welcher stets feine Wäsche getragen hat. (Siehe Criterium Kap. V.)

II. Kapitel.
Die Einbildungskraft.

24. Die Einbildungskraft hat zwei Funktionen: 1) die empfangenen Sensationen im Inneren zu reproduciren; 2) sie auf verschiedene Weise zu combiniren. Das erste begründet das imaginative Gedächtniß, das letztere die Erfindungsgabe der Einbildungskraft.

I. Abschnitt.
Imaginatives Gedächtniß.

25. Die Vollkommenheit des imaginativen Gedächtnisses besteht darin, daß die gehabten sinnlichen Eindrücke sich uns schnell und treu wieder darstellen. Auf die Schönheit kommt es hier nicht an; die Einbildungskraft hat in diesem Falle abzuzeichnen, und die Vollkommenheit des Abzeichners besteht darin, das Original genau zu copiren.

26. Das imaginative Gedächtniß ist der Vervollkommnung fähig, wie alle menschlichen Vermögen; sein bestes Hilfsmittel ist die Ordnung. Diese Regel gründet sich auf das ideologische Princip, daß die Eindrücke sich in unserem Geiste reproduciren, je nach der Weise, in der wir sie empfangen oder je nach der Kunst, mit welcher wir sie mittelst der Reflexion geordnet haben.

Wir besuchen ein großes Fabrikgebäude; in dem einen Zimmer werden die rohen Stoffe zubereitet; in einem anderen die verschiedenen Gegenstände ausgearbeitet; in einem dritten wird ihnen die letzte Vollendung gegeben; in dem letzten endlich werden sie in Ballen und Kisten gepackt, um versendet zu werden, oder in entsprechender Weise zur Ansicht der Käufer ausgestellt. Wenn der Besuch ohne Ordnung vorgenommen wird, und man planlos von einem zum anderen übergeht, bald einen Theil der Magazine durchgeht, bald die sinnreiche Erfindung einer Maschine bewundert, und in dieser Weise regellos fortfährt, so wird man wohl viele Dinge sehen, sie vielleicht im Einzelnen sehr genau untersuchen, sich aber schwer an dieselben erinnern können. Wenn man im Gegentheil methodisch zu Werke gegangen ist, sich zuerst eine allgemeine Idee des Gebäudes, seiner Haupttheile und ihrer Bestimmung gebildet, sich dann bei den Abtheilungen und Unterabtheilungen jedes Theiles verweilt hat, indem man der Ordnung der Arbeit folgte, mit den rohen Materien anfing, und mit den Vorrathsschränken endigte; so wird Alles sich kräftig dem Gedächtniß einprägen; die Erinnerung an ein Objekt wird die eines anderen hervorrufen, und mit wenig Mühe wird man Rechenschaft geben können über Alles, was man gesehen hat, wenn auch schon lange Zeit verflossen ist.

27. Es ist nöthig, sich daran zu gewöhnen, die Sachen im Gedächtniß wie in einem übersichtlichen Kataloge zu ordnen; auf diese Weise wird das Verwickeltste einfach werden, und man ohne Schwierigkeit behalten können, was sonst leicht vergessen werden würde.

Nicht alle haben Zeit und Geduld genug, um die Kunst der Mnemonik zu erlernen, deren Nutzen für die meisten Menschen höchst problematisch ist; aber Alle können jene Mittel der Ordnung anwenden, welche kein besonderes Studium erheischen, und mit ein wenig Sorgfalt und Reflexion leicht erworben werden.

28. Um mit Leichtigkeit und Genauigkeit sich zu erinnern, muß man die Objekte im Gedächtniß durch irgend eine Beziehung verbinden, die entweder die des Raumes oder Ortes, oder der Zeit, der Ursache, der Aehnlichkeit sein kann, je nach den Dingen, die man behalten will.

Beziehung des Raumes oder Ortes.

29. Die Erfahrung lehrt uns, daß wir bei der Erinnerung an einen Ort uns an die in ihm enthaltenen Dinge erinnern. So werden wir unzweifelhaft, wenn wir an verschiedene Objekte uns erinnern wollen, dies leichter und besser erreichen, wenn wir sie durch die Beziehung desselben Ortes verbinden. Dies wird erlangt, wenn man einen oder mehrere hervorspringende Punkte nimmt, auf welche man sie bezieht. Die Topographie eines Landes bleibt uns leichter und genauer im Gedächtniß, wenn wir eine Bergkette, den Lauf eines Stromes, eine hervorragende Bergspitze, oder eine andere Einzelheit wählen, auf welche wir das Uebrige beziehen.

Beziehung der Zeit.

30. In der Zeit werden die Ereignisse geordnet, indem man ein besonders bemerkenswerthes wählt, als ein größeres Glied in der Kette der Vorfälle. Hierauf gründet sich die sehr nützliche Gewohnheit, die Geschichte in große Epochen einzutheilen, indem man sich auf die Gründung oder den Untergang eines Reiches, oder auf ein anderes seiner Natur oder seinen Folgen nach großes Ereigniß bezieht.

Auch den gewöhnlichen Lauf des Lebens können wir in Epochen eintheilen, die durch irgend ein öffentliches oder privates, fremdes oder selbsterlebtes Ereigniß bemerkenswerth werden, das durch seine besonderen Umstände in unserem Geist einen schwer zu verlöschenden Eindruck zurückläßt, wie der Anfang oder das Ende eines Krieges, eine Seuche, die Thronbesteigung oder der Tod eines Fürsten, der Tod einer geliebten Person, eine Reise, ein Wechsel der Vermögensumstände und der socialen Stellung, ein neues Familienverhältniß, oder andere ähnliche Dinge.

31. Es leuchtet ein, daß, wenn die zwei Beziehungen des Ortes und der Zeit sich vereinigen, sie die Thatsache noch tiefer dem Gedächtniß einprägen werden; wir werden offenbar mit größerer Leichtigkeit uns an eine Reihe von Ereignissen

erinnern, welche nicht bloß an einen merkwürdigen Ort, sondern auch an außergewöhnliche Zeitumstände sich knüpfen.

Beziehung der Ursache und Wirkung.

32. In Betreff der Beziehung der Ursache und Wirkung genügt es, darauf Rücksicht zu nehmen, daß sie keine künstlich gemachte, sondern eine in der Natur der Sachen begründete sei. Sonst wäre das Vergessen sehr leicht, da man leicht vergißt, was ein bloßes Produkt der Einbildungskraft und ohne Begründung in der Wirklichkeit ist.

33. Soweit es möglich ist, muß man auf die Wirklichkeit der Sachen sich stützen. Die Fiktionen, so geistreich sie auch seien, nützen hier nicht so viel, wie die Thatsachen.

Man pflegt zu sagen, daß die Lügner, wenn sie sich nicht widersprechen wollen, ein gutes Gedächtniß haben müssen. Diese Wahrheit wird bestätigt durch die häufigen Widersprüche, in welche sie verfallen. Ein Reisender, dem in Wirklichkeit ein Abenteuer begegnet ist, z. B. ein heftiges Gewitter, ein Angriff von Räubern, ein Umwerfen des Wagens, eine gefährliche Ueberfurth, der Anblick eines sonderbaren Gebrauches oder eine seltene Naturerscheinung, wird dieselbe Sache stets auf dieselbe Weise erzählen, mit denselben Umständen der Zeit, des Ortes und alles Anderen, was mit dem Ereigniß zusammenhängt; ein Lügner dagegen, der, um sich Ansehen zu verschaffen, oder aus dem bloßen Reiz, sonderbare Dinge zu berichten, ein erdachtes Abenteuer als ein wirkliches erzählt, wird leicht einige Umstände ändern, und dadurch seinen Mangel an Wahrhaftigkeit zu erkennen geben. Um sich niemals zu widersprechen, gibt es kein sichereres Mittel, als die Thatsachen einfach zu referiren, wie sie sich zugetragen haben, ohne irgend etwas hinzuzusetzen oder wegzulassen. Deßhalb sagt der Delinquent, welcher die Wahrheit spricht, stets das Nämliche aus, während der Lügner in häufige Widersprüche verfällt; und hierauf gründet sich die Kunst des Richters, die Wahrheit in Mitte der Betrügereien zu entdecken, welche die Schliche des Lasters und zuweilen auch die furchtsame Unschuld verhüllen.

Beziehung der Aehnlichkeit.

34. Die Erinnerung, welche aus der Aehnlichkeit entsteht, ist eine der natürlichsten. Mit Rücksicht auf dieselbe ist eben das zu bemerken, was im Vorigen gesagt wurde. Die Aehnlichkeit muß wahr und kein bloßes Product unserer Einbildungskraft sein. Ein scharfer Verstand entdeckt Aehnlichkeiten zwischen den verschiedensten Dingen; da sich dieselben aber nicht auf die Wirklichkeit gründen, so fehlt bald die Erinnerung an das, worauf sie sich gründeten, es sei denn, daß die Eigenthümlichkeit des Zusammentreffens von der Art war, daß sie durch sich selbst, durch ihre Sonderbarkeit oder ihre Schönheit, der Seele sich tief einprägte.

35. Zuweilen stellt uns die Einbildungskraft Dinge als in Wirklichkeit geschehen dar, die nur in unserem Kopfe existirt haben. Die in der Fieberhitze Liegenden nehmen oft für wirkliche Ereignisse, was sie geträumt haben.

Um die Täuschungen der Einbildungskraft zu vermeiden, beachte man folgende Regeln:

1.

36. **Das Zeugniß der Einbildungskraft hat geringe Sicherheit bei einem Kranken.**

Die Erfahrung lehrt uns dies alle Tage, nicht bloß in den Fällen, wo ein hitziges Fieber ein wahres Delirium hervorbringt, sondern auch bei den Personen, die durch Mangel an Nahrung oder Schlaf, oder aus anderen Gründen sehr abgeschwächt sind.

2.

37. **Das Zeugniß der Einbildungskraft muß, um glaubwürdig zu werden, klar und beständig sein.**

Die Täuschungen der Phantasie pflegen dunkel und verworren mit tausend unzusammenhängenden Dingen vermischt zu sein, und verändern sich überdies mit großer Leichtigkeit, indem sie gewöhnlich einem Wechsel der Zeit und des Ortes nicht widerstehen können.

3.

38. Die Einbildungskraft verdient keinen Glauben, wenn sie in Widerspruch mit den Gesetzen der Natur steht.

Diese Gesetze sind beständig, und ändern sich nicht ohne ein Wunder; die Einbildungskraft des Menschen hingegen ist dem Einfluß vieler Ursachen ausgesetzt, die sie irre leiten können. Es räth demgemäß die Klugheit, daß wir im Falle des Zweifels eher glauben, daß ein Irrthum der Einbildungskraft, als daß eine Aenderung in den Naturgesetzen statt gefunden habe.

4.

39. Dem Zeugniß der Einbildungskraft muß man mißtrauen, wenn es sich dem gewöhnlichen Lauf der Dinge widersetzt.

Zur Bestätigung dieser Regel kann man dieselben Bemerkungen anführen, welche oben in Betreff der Sinne gemacht wurden.

5.

40. Das Zeugniß der Einbildungskraft verdient keinen Glauben, wenn es sich dem der übrigen Menschen widersetzt.

Gewöhnlich geschieht es leichter, daß Einer, als daß Viele sich irren; und wenn die Allgemeinheit der Menschen übereinstimmt, so muß man für gewiß halten, daß der Getäuschte das Individuum sei, das nicht übereinstimmt.

6.

41. Um mit Bestimmtheit über das Zeugniß der Einbildungskraft zu urtheilen, müssen wir, im Falle des Zweifels, die Vernunft, die Sinne, die Natur-

geſetze, den gewöhnlichen Lauf der Dinge, das Zeugniß der übrigen Menſchen, zu Rathe ziehen, und dieſe Mittel nach Maßgabe der Umſtände des Objektes, welches die Einbildungskraft uns vorſtellt, anwenden.

II. Abſchnitt.
Erfinderiſche Seite der Einbildungskraft.

42. Die Erfindungsgabe der Einbildungskraft beſteht in dem Vermögen, verſchiedene ſinnliche Eindrücke zu combiniren, unabhängig von der Art und Weiſe, wie wir ſie empfangen haben.

Die Fundamentalregel für die richtige Leitung der Erfindungskraft iſt folgende:

42. Die Combination muß eine ſolche ſein, die dem Zwecke entſpricht, für welchen das Produkt der Einbildungskraft beſtimmt iſt.

Der Hauptzweck der nützlichen Künſte iſt der Nutzen, der der ſchönen Künſte die Schönheit: dieſem Zweck muß die Erfindungsgabe der Einbildungskraft untergeordnet werden. Gut iſt es, beides zu verbinden, wenn es möglich iſt; aber niemals darf der reſpektive Zweck aus den Augen verloren werden. Bei einem Wohnhauſe muß die Schönheit der Nützlichkeit untergeordnet werden, in ſo fern unter dieſem Worte die Bequemlichkeit, und was Alles in dem Worte nützlich liegen kann, wenn es ſich um Wohnungen handelt, verſtanden wird. In einem Gebäude, das zu einer Gemäldegallerie beſtimmt iſt, muß der Nutzen dieſem Objekte untergeordnet werden, indem es auf die paſſendſte Weiſe eingerichtet wird, daß die Bilder ihren künſtleriſchen Effekt hervorbringen können.

44. Die Erfindung der Einbildungskraft kann von zwei Principien geleitet werden, von der Wiſſenſchaft und dem Geſchmack. Ich verſtehe hier unter Wiſſenſchaft die Kenntniß der Geſetze der Natur, und unter Geſchmack jenen unerklärbaren

Eindruck, der uns die Gegenstände angenehm oder unangenehm macht. Die Construktion einer Brücke wird von der Wissenschaft geleitet sein, wenn der Architekt allein auf die Gesetze der Schwere und des Gleichgewichtes Rücksicht genommen hat, um seinem Werke die nothwendige Dauerhaftigkeit zu geben; sie wird vom Geschmack geleitet sein, wenn der Architekt allein den Eindruck im Auge hat, den sie auf das Gesicht hervorbringen wird.

45. Es ist klar, daß wir uns in keinem Falle in Widerspruch mit den Gesetzen der Natur bringen dürfen, indem wir die Grundsätze der Wissenschaft den Eingebungen des Geschmackes zum Opfer bringen. Ein Palast könnte außerordentlich gefällige und schlanke Formen haben; aber das reizende Gebäude würde zu nichts nützen, wenn es über den Häuptern seiner Bewohner zusammenzustürzen drohte.

46. Bei jedem Werke ist es nöthig, zwischen dem wissenschaftlichen Theile und dem des Geschmackes zu unterscheiden. Was den ersteren betrifft, so ist es nothwendig, sich streng an die Naturgesetze zu halten; beim zweiten hat man auf die Eingebungen der Sensibilität zu achten, die jedoch gemässigt und geleitet sind durch den Rath einer gesunden Vernunft; für jenen dienen die Geometrie, die Mechanik und alle Naturwissenschaften; für diesen ist das Studium guter Vorbilder und die Uebung vortheilhaft, in so fern sie der Phantasie und dem Herzen Bildung und Feinheit des Gefühles geben kann.

47. Das Vorwiegen des Wissenschaftlichen oder des Schönen muß sich nach der Profession richten, die Jemand betreibt. Der Ingenieur hat sich hauptsächlich um die Wissenschaft zu kümmern; der Maler um die Schönheit.

Ein Werk, das nach den wahren wissenschaftlichen Grundsätzen eingerichtet ist, besitzt schon seine natürliche Schönheit, die, wie einfach sie auch sei, nichtsdestoweniger höchst angenehm ist. Die einfache Befolgung der wissenschaftlichen Regeln sichert den Constructionen zwei Eigenschaften zu, welche für sich allein verschönern: Einheit des Planes, und Regelmäßigkeit in den Theilen. Dies ist für sich allein schon schön, wie z. B. eine vollkommen gezeichnete, regelmäßige geometrische Figur.

48. Die wohlverstandene Schönheit steht nicht in Widerspruch mit den wissenschaftlichen Regeln. Niemals wird eine Marmorstatue schön sein, wenn sie auf solche Weise construirt ist, daß sie nach den Regeln der Mechanik sich nicht auf den Füßen, oder in einer anderen Stellung, die ihr der Bildhauer gegeben hat, erhalten könnte. Auf einem Bilde fallen die Figuren nicht um, auch wenn sie der Künstler in Widerspruch mit den Gesetzen der Mechanik gezeichnet hat; aber nichtsdestoweniger wird man den Mangel bemerken, und der Künstler muß mit dem Verluste seines Rufes die Verachtung der Naturgesetze bezahlen.

49. Die Kunst geht nicht immer auf gebahntem Wege; zuweilen erhebt sie sich auf den Flügeln der Phantasie und schweift durch neue Welten. Dann sieht der Künstler ab von den Regeln der Mechanik; aber diese Freiheit erlangt er nur, wenn er sich mit Objekten beschäftigt, die den Bedingungen der Körperwelt nicht unterworfen sind. Wer würde von einem Künstler verlangen, daß er eine erhabene Erscheinung den Gesetzen der Mechanik gemäß male? In diesen Fällen wird Alles dunstig, luftig, fantastisch; die Körper werden gleichsam vergeistigt; die Schwere der Materie verschwindet unter dem Eindruck der Ideen und des Gefühles. In allen Dingen, aber vorzugsweise in denen, welche mit der Einbildungskraft in Beziehung stehen, muß folgende Regel beobachtet werden:

50. **Niemand soll eine Profession erwählen, für die er keine natürlichen Anlagen hat.**

Die Erfahrung lehrt, daß es Menschen gibt, die ganz geeignet sind für mechanische Construktionen, so wie es andere gibt, die unfähig sind, sie zu begreifen. Die Extreme sind sowohl in der Capacität, wie in der Incapacität selten; sehr selten sind jene, welche zählen wie Mangiamele; aber eben so gibt es auch nur wenige, welche nicht fähig sind, die Anfangsgründe der Arithmetik zu begreifen. Zwischen den Extremen liegt eine unermeßliche Stufenleiter, nach der die Talente ver-

theilt sind; es ist nicht möglich, die Grade derselben mit geo=
metrischer Genauigkeit zu messen; aber eine kluge Beobachtung
kann in den betreffenden Fällen erkennen lassen, ob glückliche
oder unglückliche, oder wenigstens gewöhnliche Anlagen zu der
Profession vorhanden sind, um deren Erwählung es sich handelt.
(Siehe Criterium Kap. I. §. 3. und Kap. III.)

III. Kapitel.
Die innere Sensibilität oder das Gefühlsvermögen.

51. Das Vermögen des Gefühles muß als eine Art von
Sprungfeder betrachtet werden, um die Seele in Bewegung zu
setzen. Der Mensch ohne Gefühle würde vieles von seiner Ak=
tivität verlieren, und in gewissen Fällen gar keine haben. Der
rein intellektuelle Wille ist kalt wie die Vernunft, die ihn leitet.

52. Das Gefühl ist trotz seiner Nützlichkeit als antrei=
bende Ursache, ein sehr zweideutiges Criterium. Eine Sache
ist nicht gut oder schlecht, weil sie uns gefällt oder uns miß=
fällt; noch existirt sie, oder hat aufgehört, zu existiren, weil sie
unseren Wünschen entsprechend oder zuwider ist; es gefallen uns
viele schlechte Sachen und mißfallen uns viele gute; bald ge=
schieht, was wir wünschen, bald ereignet sich das Gegentheil.
Wer seine Launen zur Norm seiner Handlungen nimmt, macht
sich unbeständig und unmoralisch; wer über das Sein oder
Nichtsein der Dinge nach seinen Wünschen urtheilt, täuscht sich
schwer und bildet sich tausend Illusionen, welche die Zeit zerstört.

Um das Gefühl richtig zu leiten, erinnere man sich an
folgende Regeln:

1.

53. Ein einer Thatsache günstiges oder wider=
strebendes Gefühl beweist nichts, weder für noch gegen
die Existenz derselben.

Diejenigen, welche diese Regel vergessen, und über die Realität der Sachen nach ihren Wünschen, Hoffnungen oder Befürchtungen urtheilen, schmeicheln sich mit der Idee günstiger Ereignisse, oder quälen sich durch die Einbildung des Unglücks; sie sind nicht fähig, weder einen klaren Begriff von dem Geschehenen sich zu machen, noch das Künftige vorherzusehen.

2.

54. Ein einer Handlung günstiges oder ungünstiges Gefühl beweist nichts für oder gegen die Moralität derselben.

Der Rachsüchtige erfährt ein heftiges Gefühl, das ihn antreibt, seinen Feind zu ermorden; wenn wir die Handlung nach dem Gefühle beurtheilen wollten, würden wir den Mord rechtfertigen.

3.

55. Wenn das Gefühl als eine bloße natürliche Thatsache genommen wird, kann es zuweilen ein sehr wahrscheinliches und fast gewisses Anzeichen der Existenz einer anderen Thatsache sein.

Das Unglück oder die Gefahr einer Person, dem Anblick mehrerer Frauen dargeboten, würde offenbaren, welche unter ihnen die wahre Mutter ist. Niemand zieht die Weisheit des berühmten Salomonischen Urtheiles in Zweifel.

4.

56. Das Gefühl dient dazu, über den Werth eines Werkes in den schönen Wissenschaften und den Künsten zu entscheiden, wenn es sich um Objekte handelt, welche sich auf dasselbe beziehen.

Die Rührung und Zartheit, und in vielen Fällen auch die Schönheit und Erhabenheit, haben keinen anderen Richter, als das Gefühl; wehe dem Kritiker, der, reich an Gedanken und Schlüssen, unfähig wäre zu fühlen!

5.

57. Bei allen Handlungen des Lebens muß das Gefühl durch die Moral geregelt werden.

Dies ist das einzige sichere Mittel, um zu verhindern, daß das Herz uns zu Grunde richte. Die Sentimentalität, sich selbst überlassen, ist eine beständige Quelle von Abirrung und Verderbniß.

6.

58. Selbst bei den Objekten, welche in besonderer Weise unter die Jurisdiktion des Gefühles gehören, ist es unerläßlich, auf die Stimme der Vernunft und der gesunden Moral zu hören.

Ein Akt kann dem Gefühle nach schön, und dennoch sehr unmoralisch sein. Wer wird läugnen, daß in den Romanen und Theaterstücken unserer Zeit unzählige Wendungen und Stellen eben so bezaubernd für das Herz, als seiner Unschuld gefährlich sind? Die Schönheit der Leidenschaften ist nicht immer die absolute Schönheit. Das Gefühl stellt uns die Sachen mit Beziehung auf unsere besondere Stimmung dar; allein um sie in gebührender Weise zu beurtheilen, ist es nöthig, sie zu betrachten, wie sie an sich sind, theils in ihrer absoluten Natur, theils in allen ihren Beziehungen zu den übrigen Dingen.

7.

59. Um mit Aktivität zu handeln, ist es zweckdienlich, das Gefühl zu beleben, welches dem auszuführenden Zwecke günstig ist.

Wir wissen Alle aus Erfahrung, daß, wenn wir durch eine Leidenschaft aufgeregt sind, wir mit mehr Aktivität und Energie zu Werke gehen, und unsere Kräfte bedeutend wachsen.

8.

60. Wenn wir eine Handlung vermeiden wollen, müssen wir die ihr günstigen Gefühle ersticken.

Sich vorzunehmen, einen Akt zu vermeiden, und dennoch in unserer Brust eine Neigung zu unterhalten und zu nähren, welche zu ihm uns hintreibt, wäre eben so viel, als die Kraft in der Maschine lassen, und wollen, daß sie sich nicht bewege. Man pflegt von gewissen Leidenschaften zu sagen, daß es für sie kein anderes Heilmittel gebe, als die Flucht; dieser Grundsatz kann auf alle Gefühle ausgedehnt werden, deren Folgen wir vermeiden müssen. Der Mensch ist so schwach, daß er, um über sich selbst zu siegen, in besonderer Weise der Zuflucht der Schwachen, der Geschicklichkeit, bedarf; das große Geheimniß dieser besteht darin, sich vor sich selbst zu hüten, indem man vermeidet, sich selbst, Angesicht gegen Angesicht, zu begegnen.

9.

61. **Die Hilfe des Gefühles ist von großem Nutzen, selbst bei den reinen Verstandesarbeiten.**

Das mit Enthusiasmus betriebene Studium ist intensiver und andauernder. Das sanfte, aber lebendige Feuer, das im Herzen brennt, vervielfältigt die Kräfte des Verstandes, gibt ihnen größere Klarheit, befruchtet sie mit seiner Wärme, brütet in ihm jene erhabenen Inspirationen aus, welche das Angesicht der Wissenschaften verändern. Es gibt kein wahres Genie ohne dieses exquisite Gefühl, das in einer besonderen Weise der Sphäre der Vernunft angehört. Alle großen Denker haben Augenblicke der Beredsamkeit.

10.

62. **Das Gefühl ist, wie alle übrigen Vermögen der Seele, der Erziehung fähig.**

Die Erfahrung bezeugt, wie verschieden das Herz der Menschen beschaffen ist, je nach der Weise, wie es die Eltern, die Lehrer, die verschiedenen Umstände des Lebens gebildet haben; überdies nehmen wir überall wahr, daß Personen, welche die Gefühle viel geübt haben, durch Lektüre betreffender

Bücher, oder durch das Studium von Kunstgegenständen, eine Feinheit des Gefühles erlangen, welche den Uebrigen abgeht.

11.

63. Die außerordentliche Feinheit des Gefühles ist nicht synonym mit seiner Vollkommenheit, und noch weit weniger mit seiner Moralität.

Es gibt außerordentlich empfindsame, und dabei tief verdorbene Personen. Die Klagelaute eines Leidenden können eine unerträgliche Qual für eine Dame sein, welche ihre unglücklichen Nachbaren im Elende verschmachten läßt. Eine andere weniger Empfindsame verbreitet Wohlthaten und Trost über Alle, die an ihre Thüre klopfen. Wie viele gibt es, die bei der Krankheit eines Schooßhündchens vor Rührung weinen, und ohne Mitleid das Unglück eines Menschen mitansehen. Zuweilen wird man Personen finden, welche Mitglieder eines Vereines gegen Thierquälerei sind, und mit der größten Ruhe ihre Untergebenen im Elend zu Grunde gehen lassen, um ihre Hunde und Pferde zu mästen.

Man wird vielleicht sagen, in diesen Fällen sei nicht Feinheit des Gefühles, sondern Affektation vorhanden; doch dies ist nicht richtig. Das Gefühl ist wirklich vorhanden, aber es ist irregeleitet; denn wenn es zu einer übergroßen Verfeinerung gelangt, verwandelt es sich in verfeinerten Egoismus.

12.

64. Jedes Gefühl, das sich auf ein individuelles Wohlgefallen beschränkt, und uns nicht zu einem in den Augen der Vernunft edlen Akte antreibt, ist ein blinder egoistischer Instinkt, vor dem wir uns hüten müssen. (Siehe: Criterium Kap. XIX. und XXII.)

Zweites Buch.
Das Hauptvermögen: die Intelligenz.

I. Kapitel.
Die Intelligenz im Allgemeinen.

I. Abschnitt.
Objekt der Intelligenz.

65. Die Intelligenz ist das Vermögen, zu erkennen. Ihr Objekt hat keine Grenzen, ist weder durch die Eindrücke der Körper, wie der Sinn,*) noch durch die inneren Vorstellungen, wie die Einbildungskraft, noch durch bestimmte Beziehungen der Objekte, wie das Gefühl, begränzt; sie erstreckt sich auf Alles, was erkannt sein kann, und deßhalb auf Alles, was existirt oder existiren kann.

66. Außer dem erkannten Objekt, kommt auch die Form der Erkenntniß in Betracht, oder mit anderen Worten, die Art und Weise, wie der erkennende Verstand**) auf die

---

*) Unter Sinn, allgemein gebraucht, verstehen wir das Wahrnehmungsvermögen durch die Sinne, synonym dem lateinischen sensus und dem spanischen sentido.   Anm. d. Uebers.

**) Um Mißverständnisse zu verhüten, ist die Bemerkung nöthig, daß durch das deutsche Wort Verstand, wo es von uns gebraucht wird, (synonym mit Intelligenz) das spanische: entendimiento, entsprechend dem lateinischen intellectus, wieder gegeben wird.   A. d. Uebers.

erkannte Sache sich bezieht. Dies begründet die Klassification der intellektuellen Akte, und die verschiedenen Regeln, denen sie unterworfen werden können.

Wir wollen mit der allgemeinsten und unerläßlichsten Bedingung aller intellektuellen Arbeiten beginnen.

II. Abschnitt.
Die Aufmerksamkeit.

67. Die Aufmerksamkeit ist die Application des Geistes auf ein Objekt.

68. Das erste Mittel, um gut zu denken, ist, gut aufzumerken. Ohne diese Bedingung ist es unmöglich, in irgend einem Studium fortzuschreiten; denn ohne aufzumerken, wird kein Akt des Verstandes in gebührender Weise verrichtet.

69. Die Aufmerksamkeit muß fest, aber sanft (ungezwungen) sein; man muß vermeiden, sich zu zerstreuen, und sich in sich selbst zu vertiefen. Man muß sich Mühe geben, die hinreichende Flexibilität zu erlangen, um von einem Objekt zum anderen überzugehen, je nachdem es der Gang der Dinge erheischt. Wer in diesem Punkte übermäßig delikat ist, kann nicht unterbrochen werden, ohne in Verwirrung zu gerathen. Keine Arbeit, wie ernst und tief sie auch sei, darf uns vergessen lassen, daß wir Menschen sind, und unter anderen Menschen leben.

70. Das Geheimniß, um eine Aufmerksamkeit zu erlangen, die fest, ohne Härte, und biegsam, ohne Schlaffheit ist, besteht darin, methodisch zu studiren, sich in guter Ordnung mit den einzelnen Verrichtungen zu beschäftigen, und seine Pflichten mit ruhigem und gesetztem Geiste zu erfüllen.

71. Der Mangel an Methode ist für sich allein eine Reihe von Zerstreuungen; die Unordnung in der Ausführung unserer Geschäfte ist eine beständige Quelle von Verwirrung; denn indem sie die Aufmerksamkeit nach vielen Seiten zu gleicher Zeit hinruft, schwächt sie dieselbe. Die untergeordneten Leidenschaften

verwirren das Herz, und machen es dem Verstande unmöglich, sich auf Objekte zu fixiren, welche von denen verschieden sind, welche ihnen schmeicheln.

72. Alle Regeln in Betreff der Aufmerksamkeit lassen sich auf Folgendes zurückführen: Liebe der Wahrheit; Methode im Studium; Ordnung in allen Beschäftigungen; reines und ruhiges Gewissen. (Siehe Criterium Kap. II.)

Abschnitt III.
Eintheilung der Akte der Intelligenz.

73. Die Akte der Intelligenz sind drei: begreifen, urtheilen und schließen.

74. Das Begreifen ist jener Akt, durch den wir die Sache erkennen, ohne von ihr irgend etwas zu bejahen oder zu verneinen. Wenn ich an eine Farbe denke, ohne zu bejahen, daß sie schwach oder grell, häßlich oder schön sei, indem ich mich einfach darauf beschränke, an die Farbe zu denken, so habe ich einen Begriff (intellektuelle Warnehmung, Perception).

75. Das Urtheil besteht in dem Akte, durch welchen wir eine Sache von einer anderen aussagen oder läugnen.

Wenn ich mich nicht darauf beschränke, an die Farbe zu denken, sondern innerlich von ihr aussage, daß sie hell oder dunkel, angenehm oder unangenehm u. s. w., so habe ich ein Urtheil gebildet.

76. Der Schluß ist jener Akt, durch welchen wir eine Sache aus einer anderen folgern.

Wenn ich, an dieselbe Farbe denkend, und ihre Eigenschaften erwägend, aus diesen die Ingredienzien folgere, welche die färbende Materie gebildet haben, und die Art und Weise, wie man sie zusammengesetzt hat, so habe ich einen Schluß gezogen.

II. Kapitel.
Das Begreifen.

I. Abschnitt.
Definition und Eintheilung des Begreifens und der Ideen.

77.) Die Objekte müssen, um wahrgenommen zu werden, in unserem Inneren sich darstellen. Diese Darstellung nennen wir Idee, Begriff. Der Akt, durch welchen wir die Sache erkennen, ohne irgend etwas von ihr zu behaupten oder zu läugnen, heißt Begreifen (Perception).

(78.) Man darf die Vorstellungen des Verstandes nicht mit denen der Einbildungskraft verwechseln. Diese sind eine innere Reproducirung der Sensationen; jene gehören einer höheren Ordnung an, und bilden das Objekt der Verstandesoperationen. Wenn ich an einen Kreis denke, den ich auf einer Wandtafel gesehen habe, und mich darauf beschränke, in meinem Inneren zu reproduciren, was ich vorher mit meinen Augen gesehen, so gehört diese innere Darstellung der Einbildungskraft an; allein wenn sich mir der Kreis als eine geometrische Figur darstellt, deren Eigenschaften ich betrachte, so ist die Vorstellung eine Verstandesvorstellung. Um den Unterschied dieser beiden Ideen zu begreifen, beachte man, daß das einfache Bild des Kreises der Ungebildete eben so, wie der Mathematiker hat, daß selbst die Thiere diese Vorstellung besitzen. Auch sie erinnern sich an die Figuren, die sie gesehen haben; wie der Hund an die seines Herrn, der Vogel an die seines Nestes, und so alle Uebrigen, ihren besonderen Instinkten gemäß.

79. Die Idee *) kann aus verschiedenen Gesichtspunkten betrachtet und demgemäß in mehrere Klassen eingetheilt werden.

---

*) Wir behalten hier den Ausdruck Idee, im Anschluß an das spanische Original, bei, anstatt des in diesem Sinne im Deutschen jetzt

(80.) Eine klare Idee ist jene, welche ihr Objekt mit Klarheit darstellt, eine dunkle, welche diese Eigenschaft entbehrt.

81. Eine bestimmte Idee ist eine solche, welche ihre Klarheit so weit erstreckt, daß sie uns die verschiedenen Eigenschaften der Sache unterscheiden läßt; während sie confus genannt wird, wenn sie nicht bis zu diesem Punkte gelangt.

82. Wenn die Idee uns alle Eigenschaften der Sache darbietet, so heißt sie vollständig; ist dies nicht der Fall, so ist sie unvollständig.

83. Die Idee ist genau (exakt), wenn sie die Eigenschaften der Sache uns alle darbietet, und mit vollkommener Unterscheidung dessen, was nicht zur Sache gehört; sie ist ungenau (inexakt), wenn ihr eines dieser Erfordernisse fehlt.

(84.) Man sieht, daß die Charaktere der Bestimmtheit, Vollständigkeit und Genauigkeit nichts anderes als Grade der Klarheit sind; denn es leuchtet ein, daß in dem Maße, als die Klarheit, mit der sich uns ein Objekt darstellt, größer ist, wir in demselben eine größere Zahl von Eigenschaften entdecken, und dieselben mit schärferer Unterscheidung untereinander, und mit größerer Trennung von Allem, was nicht dazu gehört, wahrnehmen werden.

(85.) Eine einfache Idee ist die, welche nicht in andere aufgelöst werden kann. So werden dies unter denen der Einbildungskraft die der Farbe, des Geschmackes u. s. w. sein, und unter denen des Verstandes die des Seins; denn wer diese Ideen nicht hat, dem können sie nicht durch Worte erklärt werden. Eine zusammengesetzte Idee ist jene, welche aus mehreren einfachen sich bildet, die demgemäß durch Worte

---

gebräuchlicheren Wortes Begriff, weil jener der allgemeinere, mit der philosophischen Sprache anderer Nationen übereinstimmender und geeigneter ist, eine Einheit in der Darstellung der philosophischen Grundbegriffe zu erzielen. Da Balmes überdies auf den Kantischen Unterschied zwischen Verstand und Vernunft (mit Recht) keine Rücksicht nimmt, so kann er auch die Verstandes-Begriffe von den Vernunft-Ideen nicht unterscheiden.

erklärt werden kann. Eine solche ist z. B. die des Dreiecks, welche zusammengesetzt ist aus den Ideen der drei verbundenen graden Linien, welche eine Fläche einschließen; die des Menschen, welche aus denen von Geist, Körper und Verbindung entsteht.

(86.) Abstrakt heißt die Idee, welche die Eigenschaft ohne Verknüpfung mit dem Subjekt darstellt, wie z. B. Weisheit, Tugend, Schönheit. Concret ist jene, welche dieselbe als dem Subjekt inhärirend darstellt, wie: weise, tugendhaft, schön.

87. Eine allgemeine Idee ist jene, welche vielen Subjekten zukommt, wie: Mensch, was auf alle Menschen sich bezieht; individuell ist die Idee, welche nur einem Individuum zukommt.

88. Die allgemeinen Ideen heißen auch Arten und Geschlechter.

89. Art oder specifische Idee ist das, was vielen Individuen zukommt, wie z. B. Pferd, was sich auf alle Individuen dieser Art bezieht.

90. Geschlecht oder generische Idee ist jene, welche viele Arten umfaßt, wie Thier, was die Idee von Pferd, Löwe und aller anderen Thiere in sich schließt. Das Genus wird eingetheilt in höchstes, unterstes und mittleres (subalternes). Das Höchste ist jenes, welches in keinem anderen enthalten ist, wie z. B. Sein, die allgemeinste aller Ideen. Das Unterste ist das, welches keine anderen Geschlechter enthält, wie: Metall; das Mittlere, subalterne, jenes, das in den höheren enthalten ist, und seinerseits andere enthält, wie: Körper. Es ist klar, daß, je nach den verschiedenen Klassificationen der Ideen, auch die Verschiedenheit der Geschlechter sich richten werde. Wenn wir also z. B. annehmen, daß die Idee eines Reptils uns eine Klasse von Thieren darstelle, unter welche wir allein die verschiedenen Arten der Reptilien setzen, so wird das Geschlecht Reptil ein unterstes sein; wenn wir hingegen eine besondere Klasse von Schlangen annehmen mit

verschiedenen Arten, so wird dieselbe Idee des Reptils ein subalternes Geschlecht sein.

91. Die Eintheilung eines Geschlechtes in verschiedene Arten kann nicht gemacht werden, ohne sich auf etwas zu gründen. Dieses nennt man Unterschied. Das Geschlecht: animal begreift in sich den Menschen und das Thier; der Unterschied dieser Eintheilung ist, daß der Mensch mit Vernunft begabt, und das Thier ohne Vernunft ist. Das Geschlecht: animal, verbunden mit dem Unterschiede: vernünftig, constituirt die Species: Mensch; dasselbe Geschlecht mit dem Unterschiede: unvernünftig constituirt die Species: Thier. Demgemäß ist also der Unterschied die charakteristische Idee, welche die generische auf eine geringere Zahl von Individuen beschränkt.

92. Die individuelle Idee heißt Einzel-Idee (singuläre Idee), wenn sie einem bestimmten Individuum zukommt, wie: Sokrates; und besondere Idee (particuläre Idee), wenn sie einem unbestimmten Individuum zukommt, wie: ein Philosoph.

93. Collektiv-Idee ist jene, welche eine Verbindung von Individuen ausdrückt, die durch irgend ein Band vereinigt sind; wie: Gesellschaft, Nation, Heer, Akademie.

94. Absolute Idee ist jene, welche nicht nothwendig eine andere Idee hervorruft, wie: Sein; relative Idee, welche nothwendig eine andere Idee hervorruft, wie z. B. die Idee: Folge die der Ursache; die Idee: Vater die des Sohnes; die Idee: gleich die des anderen Gleichen; die Idee: größer die des Kleineren.

95. Wesentliche, essentielle Idee ist jene, welche nothwendig ist für den Begriff der Sache; unwesentliche, accidentelle, modale Idee heißt die, welche diese Nothwendigkeit nicht in sich schließt. Ein Mensch ohne vernünftige Seele ist kein Mensch; also ist die Idee der Vernünftigkeit dem Begriff des Menschen wesentlich. Ein Mensch kann aber weise oder unwissend, tugendhaft oder lasterhaft, schön oder häßlich sein, ohne deßhalb aufzuhören, Mensch zu sein; folglich sind diese Ideen bei dem Begriffe des Menschen accidentell oder modal.

II. Abschnitt.
Regeln um richtig zu begreifen.

96. Das Begreifen kann sich auf wirkliche und auf mögliche Objekte erstrecken. Wenn es sich um wirkliche Objekte handelt, so besteht die Vollkommenheit des Begreifens darin, sie so zu erfassen, wie sie an sich sind. Was die möglichen Objekte betrifft, so liegt die Vollkommenheit darin, sie so zu erfassen, wie sie sein sollen, je nach dem Gegenstande, mit welchem der Denker sich beschäftigt, und den Bedingungen denen er unterworfen wird. Dies wird durch Beispiele deutlicher werden.

97. Handelt es sich z. B. um einen wirklichen Kreis, um das Rad einer Maschine, so wird der Begriff vollkommen sein, wenn man genau die Kreisform des Rades kennt, so wie sie ist, bis auf die Unvollkommenheiten ihrer Construktion. Wenn der Kreis des Rades nicht vollkommen wäre, so wäre, ihn als solchen zu erfassen, eine Unvollkommenheit des Begriffes. Wenn wir von einem möglichen Kreise sprechen, dann besteht die Vollkommenheit des Begriffes darin, in die Idee des Kreises Alles aufzunehmen, was zu seinem Wesen nothwendig ist.

98. Aus diesen Betrachtungen folgt, daß die Erkenntniß der Wirklichkeit um so vollkommener ist, je mehr sie sich ihr selbst nähert; und die der Dinge, die im Kreise der Möglichkeit liegen, wird es um so mehr sein, je besser die Bedingungen erfüllt sind, die in den betreffenden Fällen aufgestellt worden.

Um richtig zu begreifen, müssen folgende Regeln beobachtet werden:

1.

99. Man achte auf das Objekt, um das es sich handelt, und lenke die Betrachtung von Allem ab, was nicht dieses selbst ist.

2.

100. Wenn die Idee uns durch Worte gegeben wird, so fixire man den Sinn derselben mit aller Genauigkeit.

Die Verwirrung der Worte erzeugt Verwirrung in den Ideen; unzählige Fragen würden mit größerer Richtigkeit gelöst, oder ganz vermieden werden, wenn man mehr Sorge trüge, den wahren Sinn der Ausdrücke zu fixiren.

3.

101. Man komme dem Verstande zu Hilfe durch Entfaltung der Vermögen, welche am meisten geeignet sind, uns in Beziehung zu dem Objekt zu setzen, welches wir zu begreifen haben.

In der Literatur und in den schönen Künsten würden wir nicht gut begreifen, wenn wir nicht die Einbildungskraft und das Gefühl zu Hilfe nähmen.

4.

102. Wenn das Begreifen auf ein einfaches Objekt sich bezieht, so muß man dieses gänzlich isoliren, und seine Idee ohne Beimischung von irgend etwas Anderem betrachten.

5.

103. Wenn das Objekt zusammengesetzt ist, so ist es nothwendig, dasselbe zu analysiren, und sich eine klare und exakte Idee seiner verschiedenen Theile zu bilden.

6.

104. Bei der Untersuchung der Theile darf niemals das Ganze, zu dem sie gehören, aus dem Auge verloren werden.

Eine sehr schlechte Idee würde sich von den Theilen einer Uhr derjenige bilden, der, indem er sie einzeln sieht, nicht auf den Ort, den sie im Mechanismus einnehmen, und auf die Bestimmung, die sie erfüllen sollen, achten würde.

7.

105. Um sich zu versichern, daß der Begriff vollkommen ist, wird es gut sein, die Probe zu machen, indem man innerlich durch Worte die erfaßte Idee ausdrückt.

Sehr oft täuschen wir uns mit der Meinung, ein Objekt richtig erfaßt zu haben, obgleich es uns nicht gelingt, es mit Genauigkeit auszudrücken. Im allgemeinen ist die geringe Eigenthümlichkeit der Worte ein Anzeichen von Verwirrung in den Ideen.

Es kann in der Sprache mehr oder weniger Ausbildung vorhanden sein, je nach der Erziehung einer Person, oder mehr oder weniger Eigenthümlichkeit, je nach der größeren oder geringeren Kenntniß des Idioms, oder der größeren oder geringeren Gewohnheit über eine gewisse Materie zu sprechen; allein es ist gewiß, daß, wenn die Kenntniß klar und exakt ist, der Ausdruck dies auf unzweideutige Weise zu erkennen gibt. „Ich verstehe es wohl, kann es aber nicht ausdrücken," ist eine sehr allgemeine Zuflucht der Eitelkeit und der Unwissenheit.

8.

106. Man muß mit der größten Sorgfalt die Uebereilung vermeiden.

Diese entsteht zuweilen aus der Leichtigkeit des Erfassens selbst, welche denjenigen täuscht, der sie besitzt, und ihn glauben macht, er habe bis auf den Grund der Sache gesehen, während er nur über die Oberfläche hingegangen ist; sehr oft aber übereilen wir uns auch aus natürlicher Ungeduld, oder aus Trägheit, welche in ihrer Art sehr thätig ist, wenn es sich darum handelt, eine Arbeit schnell zu erledigen; oder auch aus einer kindischen Eitelkeit, welche uns verhindert, auf's neue zu fragen, indem wir fürchten, unseren Scharfsinn in Mißkredit zu bringen.

9.

107. Dem Akt des Begreifens muß nichts vorhergehen und nichts ihn begleiten, was uns zu einem irrigen Begriff veranlassen könnte.

In den Büchern wie in den Sachen selbst finden wir Alles, was wir finden wollen; das Vorurtheil und die Leidenschaften sind für unseren Verstand das, was für die Augen ein buntes Glas ist; wir sehen Alles in der Farbe des Glases.

10.

108. Es ist zweckdienlich, die Sache zu verschiedenen Zeiten, in verschiedenen Gemüthsstimmungen zu sehen, um sich zu versichern, daß man gut gesehen hat.

Dies ist eine Art vortrefflicher Gegenprobe, um die Wahrheit zu entdecken. Des Abends, wenn wir durch Gespräch und andere Umstände aufgeregt sind, sehen wir einen Gegenstand in bestimmter Weise an; wir legen uns nieder und schlafen ruhig; durch den Schlaf wird der Körper gestärkt, die Leidenschaften beruhigen sich, die Aufregung des Geistes legt sich. Beim Erwachen denken wir auf's neue an denselben Gegenstand, und nun erscheint er uns ganz anders, und sehr oft halten wir dasjenige für einen großen Mißgriff, was wir Abends vorher für eine höchst zweckmäßige Maßregel hielten.

Die Krankheiten, die Verdrießlichkeiten, die Unbequemlichkeiten, die Nahrungsmittel, die Temperatur, mit einem Worte Alles, was unseren Körper direkt oder indirekt afficirt, hat auch Einfluß auf unsere Begriffe. Es ist daher nothwendig, stets die körperliche und geistige Stimmung in Anschlag zu bringen, in der wir uns befinden, und es zu machen, wie Jemand, der sich eine vollkommene Idee von einem Gebäude bilden will, und dasselbe von verschiedenen Standpunkten aus betrachtet.

11.

109. Wenn der Begriff sich auf Objekte bezieht, welche der Erfahrung unterworfen werden können, so ist es gut, diesen Probirstein anzuwenden.

Wir haben eine große Neigung dazu, unsere Ideen in Thatsachen zu verwandeln; eben hieraus entstehen die vielen ausschweifenden Systeme in den Wissenschaften, und so viele falsche Urtheile in dem gewöhnlichen Leben. Unsere Gedanken verändern nicht die Thatsachen, die von ihnen unabhängig sind; aber unsere Ungeduld verleitet uns, den Dingen die Form zu geben, unter der sie in unseren Gedanken sich darstellen. (Vergl. Criterium Kap. XIII. u. XIX.)

III. Abschnitt.
Ausdruck der Ideen und ihrer Objekte.

110. Das Wort, durch welches wir eine begriffene Sache ausdrücken, heißt Name, terminus, vocabulum. Um die Objekte zu bezeichnen, müssen wir nothwendig die Idee derselben haben; es ist aber zu beachten, daß das Wort nicht die Idee selbst ausdrückt, sondern die Sache, welche durch die Idee vorgestellt wird. Durch das Wort Meer wird nicht die Idee des Meeres, sondern das Meer selbst bezeichnet. So sagen wir: das Meer ist bewegt, was auf die Idee nicht anwendbar ist.

111. Ein allgemeiner Name (terminus communis, universalis) ist der, welcher eine Eigenschaft ausdrückt, die Vielen zukommt, wie weise; ein besonderer Name (terminus singularis) ist ein solcher, welcher nur eine einzige Sache bezeichnet, z. B. Plato.

112. Ein Collektiv-Name ist ein solcher, der eine Verbindung von Wesen bezeichnet, z. B. Nation, Akademie, Congreß.

113. Der allgemeine Name kann sein: bestimmt, zweideutig und analog. Bestimmt (terminus univocus) ist er, wenn er für alle Objekte denselben Sinn hat, z. B. Mensch. Zweideutig (terminus aequivocus) ist er dann, wenn er verschiedene Bedeutungen hat, wie Löwe, was sich auf das Thier und das Himmelszeichen beziehen kann. Analog endlich (term. analogus) ist jener Name, welcher in einer zum Theil gleichbedeutenden, zum Theil verschiedenen Weise gebraucht wird, wie z. B. gesund, was, während es immer eine Beziehung zum körperlichen Wohlsein einschließt, sowohl von dem Menschen gesagt wird, der die Gesundheit besitzt, als von der Speise, die sie erhält, und von der Arznei, die sie wiederherstellt.

114. Der Kürze wegen bemerken wir, daß, da die Ausdrücke, wenn sie auch die Sachen selbst bezeichnen, sie doch nur mittelst der Ideen bezeichnen, sie auch eben so wie diese verschiedener Eintheilungen fähig sind. So spricht man von universellen, generischen, specifischen, individuellen, partikulären, singulären, collektiven, absoluten, relativen, abstrakten, concreten Ausdrücken, je nachdem sie Ideen von dieser Klasse bezeichnen. Dieselben Beispiele, welche bei der Erklärung der Eintheilung der Ideen angeführt wurden (n. 77 und folgende), sind anwendbar auf die Ausdrücke.

Noch andere Bemerkungen könnten über die Namen gemacht werden; aber hier wäre nicht der geeignete Ort dazu.

115. Die Idee wird durch das Wort ausgedrückt; aber der Nutzen dieses ist nicht bloß ein äußerlicher, sondern auch ein innerlicher. Bevor wir zu den Anderen sprechen, sprechen wir zu uns selbst. Wir kennen Alle aus Erfahrung jene innerliche Sprache, durch welche der Geist sich selbst von dem Rechenschaft gibt, was er erkennt und fühlt. Die Ideen verbinden sich mit den Worten, und diese sind gleichsam eine Art von Register, dem wir die Ordnung und die Erinnerung der Ideen anvertrauen.

116. Hieraus folgt, daß wir nie zu große Sorgfalt darauf verwenden können, mit Bestimmtheit und Genauigkeit den Sinn

der Worte zu fixiren, und zwar nicht bloß derjenigen, die wir für Andere, sondern auch derer, die wir für uns selbst gebrauchen. Derjenige kann sich nicht verständlich machen, der sich nicht selbst versteht; dies letztere fehlt uns öfter, als wir glauben.

117. Unter den Worten müssen die wichtigsten besonders ausgezeichnet werden, diejenigen, welche, so zu sagen, die Achse sind, um welche die Frage sich dreht. In allen Materien tritt immer ein Ausdruck vor allen anderen hervor, dessen Sinn der Schlüssel zur Lösung aller Schwierigkeiten ist. Man erkennt, daß er den Hauptpunkt der Frage bezeichnet; er kehrt bei jedem Schritt im Verlauf des Gespräches oder der Untersuchung wieder, erscheint bald als Subjekt, bald als Prädikat der Behauptung, welche zum Thema dient.

III. Kapitel.
Hilfs=Operationen für das richtige Begreifen.

I. Abschnitt.
Die Definition.

Um richtig zu begreifen, ist es von höchster Wichtigkeit, richtig zu definiren und zu unterscheiden.

118. Die Definition ist die Erklärung einer Sache. Ihr Name deutet ihr Objekt an; definiren heißt wörtlich: die Gränzen (fines) bestimmen.

119. Die Definition ist von zweifacher Art, je nachdem man die Sache selbst, oder den Sinn eines Wortes erklären will. Die erstere heißt im eigentlichen Sinne Definition der Sache (rei); die letztere Definition des Namens (nominis).

120. Damit die Definition gut sei, muß sie Alles, was in dem zu Definirenden enthalten ist, ausdrücken und erklären, und nichts weiter. Alles, denn ohne dies wäre sie un-

vollständig; nichts mehr, denn sonst würde das zu Definirende mit von ihm verschiedenen Dingen verwechselt werden.

Die Definition des Kreises ist folgende: eine krumme, in sich selbst zurückkehrende Linie, deren Punkte alle gleich weit von einem abstehen, welcher Centrum genannt wird. Diese Definition wäre unvollständig, wenn das Epitheton „in sich selbst zurückkehrende" ausgelassen würde; denn wir würden nicht Alles ausdrücken, was in der Idee der Peripherie liegt, und man würde sie mit einem Kreisbogen verwechseln können.

Die Definition des gradlinigen Triangels ist: eine Fläche, welche durch drei grade Linien eingeschlossen wird. Wenn man aus dieser Definition das Wort „grade" wegließe, so wäre sie unvollständig; denn es wäre nicht Alles ausgedrückt, was in der Idee des gradlinigen Triangels enthalten ist, und die Definition würde eben so auf den vermischtlinigen und krummlinigen passen. Wenn zu derselben Definition das Wort „gleiche" hinzugesetzt würde, so wäre sie ebenfalls unvollkommen; denn sie würde mehr bezeichnen, als was in der Idee des gradlinigen Triangels im allgemeinen liegt; die Definition wäre allein auf die gleichseitigen Triangel anwendbar.

Wir würden den Menschen schlecht definiren, wenn wir ihn eine Zusammensetzung aus Leib und Seele nennten; denn indem wir nicht sagen, daß diese Seele geistig ist, drücken wir nicht Alles aus, was in der Natur des Menschen enthalten ist; und wenn wir im Gegentheil sagten, der Mensch sei eine Zusammensetzung aus einem Körper und einer tugendhaften Seele, so hätten wir mehr gesagt, als in der Natur des zu Definirenden liegt, und die Definition würde nicht auf den Menschen im Allgemeinen, sondern nur auf den tugendhaften Menschen passen.

121. Um sich zu versichern, daß eine Definition vollkommen sei, ist es zweckdienlich, die Probe zu machen, indem man sie auf die definirte Sache anwendet, und dabei folgende Regeln beachtet:

Die Definition muß auf das ganze Definirte passen und auf nichts mehr.

Ein vernünftiges Belebtes (animal rationale), wäre eine richtige Definition des Menschen, da sie auf alle Menschen und nur auf den Menschen paßt.

Ein lebendiges Wesen, wäre keine gute Definition, da sie nicht bloß auf den Menschen, sondern auch auf die Thiere und die Pflanzen paßte.

Ein vernünftiges Wesen, wäre ebenfalls keine gute Definition, weil sie auch auf die reinen Geister anwendbar wäre.

Ein vernünftiges tugendhaftes Belebtes, wäre wiederum keine gute Definition; denn sie käme nicht allen Menschen, sondern allein den tugendhaften zu.

122. Die Definition kann essentiell, oder beschreibend sein. Essentiell wäre jene, welche das Wesen oder die innerste Natur der Sache ausdrückte. Beschreibend hingegen ist jene zu nennen, welche uns die Sache kennen lehrt durch einige sie unterscheidende Eigenschaften, die aber nicht ihr Wesen ausmachen. Wenn wir die innere Natur der Sonne kennten, so wäre die Definition, durch die wir sie erklärten, essentiell. Nun aber müssen wir uns mit einer beschreibenden Definition begnügen, indem wir sagen: sie ist das Gestirn, dessen Licht dasjenige, was wir Tag nennen, hervorbringt, welches uns die Erscheinungen dieser oder jener täglichen und jährlichen Bewegungen darbietet, welches in dieser oder jener Beziehung zu den anderen Himmelskörpern steht: indem wir so verschiedene Eigenschaften angeben, welche hinreichen, um dieses Gestirn von allen anderen zu unterscheiden, die uns aber sein innerstes Wesen nicht erklären.

123. Die geringe Kenntniß des inneren Wesens der Gegenstände, die wir besitzen, bewirkt, daß die essentiellen Definitionen sehr selten sind, und daß wir in den meisten Fällen mit den beschreibenden uns begnügen müssen.

124. Die Definitionen, welche den Fragen und Untersuchungen vorangeschickt werden, müssen so beschaffen sein, daß sie hinreichen, die Sache zu bezeichnen, um die es sich handelt, und den Sinn der Worte, die man anwendet, vollkommen zu

firiren. Die vollkommene Definition muß erst am Ende der Abhandlungen stehen; denn da sie die Sache erklären soll, muß sie das Resultat der Untersuchungen sein. Schon von vornherein die Sache definiren zu wollen, heißt eben so viel, als dasjenige voraussetzen, was man sucht, den Samen mit der Ernte verwechseln.

125. Nach diesen Bemerkungen ist es sehr leicht, den Sinn und den Grund der Regeln zu verstehen, welche die Dialektiker für die gute Definition aufzustellen pflegen.

1.

126. **Die Definition muß klarer sein, als das Definirte.**

Es springt in die Augen, daß, wenn sie den Zweck hat, zu erklären, sie dasjenige klar machen muß, was sie erklärt.

2.

127. **Das Definirte darf in der Definition nicht vorkommen.**

Wenn das Definirte in der Definition selbst vorkommt, dann ist nichts gewonnen; denn um zu erklären, wenden wir dann dasselbe an, was der Erklärung bedarf. Derjenige, welcher den Begriff Verpflichtung dadurch erklärte, daß er sagte, es sei dasjenige, was uns verpflichtet, eine Sache zu thun oder zu unterlassen, würde gegen diese Regel fehlen; denn, wenn wir nicht wissen, was Verpflichtung ist, so wissen wir eben so wenig, was verpflichten heißt.

3.

128. **Die Definition muß dem ganzen Definirten und ihm allein zukommen.**

Dies ist bereits oben erklärt worden (121).

4.

129. **Sie muß bestehen aus dem nächstliegenden höheren Genus und dem letzten Unterschied.**

Wer den Menschen als eine vernünftige Substanz definirte, würde gegen den ersten Theil dieser Regel fehlen, da das Genus Substanz nicht das nächstliegende Genus ist, sondern das des Belebten (animal). Der Kreis ist eine in sich selbst zurückkehrende krumme Linie, wäre eine schlechte Definition, weil der Unterschied „in sich selbst zurückkehrend" nicht der letzte oder charakteristische ist; denn dies kommt auch der Ellipse zu, welche deßhalb noch kein Kreis ist (120).

130. Einige verlangen auch, daß die Definition kurz sei; und in der That, wenn nur deutliche Worte gebraucht werden, so ist es desto besser, je weniger derselben angewendet werden. Aber es muß auch die Klippe vermieden werden: Brevis esse laboro, obscurus fio; aus Liebe zur Kürze werde ich dunkel.

131. Die überflüssigen Worte machen, wenn sie eine dem Definirten fremdartige Idee bezeichnen, die Definition schlecht, weil sie mehr ausdrücken, als vorhanden ist; und wenn sie nur bezeichnen, was schon durch ein anderes Wort gesagt ist, sind sie unnütz, und stören deßhalb wenigstens, wenn sie nicht gar verwirren.

132. Schließlich will ich noch bemerken, daß es bei den Definitionen nothwendig ist, sich so viel als möglich vor metaphorischen, oder in irgend einem Sinne figürlichen Worten zu hüten. In diesen Fällen ist die Einbildungskraft nur zu häufig weit mehr ein Hinderniß, als eine Hilfe; die Genauigkeit wird dem Glanze einer Vergleichung, oder einem geistreichen Contraste zum Opfer gebracht.

II. Abschnitt.
Die Eintheilung.

133. Die Beschränktheit unseres Geistes gestattet nicht, daß wir mit vielen Dingen zu gleicher Zeit uns beschäftigen. Deßhalb wenden wir das Mittel an, sie einzeln zu betrachten, was nicht allein nothwendig ist, wenn die Dinge in der Wirk-

lichkeit getrennt sind, sondern auch, wenn sie vereinigt und zuweilen selbst identisch sind. Sogar bei den einfachen Objekten unterscheiden wir verschiedene Gesichtspunkte, gleich eben so vielen Theilen, wodurch uns die Erkenntniß dessen erleichtert wird, was für uns sonst sehr schwer zu verstehen wäre. Eine der wichtigsten Operationen ist also die Eintheilung.

134. Die Eintheilung ist die Zerlegung eines Ganzen in seine Theile.

135. Je nach den Theilen wird auch die Eintheilung beschaffen sein. Wenn diese real sind, oder in der Wirklichkeit existiren, und überdies auch trennbar sind, wird die Eintheilung real und physisch sein. Sind die Theile nicht trennbar, und nur Eigenschaften desselben Subjektes, so wird die Eintheilung metaphysisch sein. Wenn sie logisch sind, oder bloß in unserem Verstande existiren, obgleich in der Sache selbst gegründet, so wird auch die Eintheilung logisch genannt.

Der Mensch ist in Wirklichkeit aus zwei verschiedenen und trennbaren Dingen zusammengesetzt, aus Körper und Geist. Wenn wir also den Menschen in diese beiden Theile zerlegen, so wird die Eintheilung eine reale sein. In dem Menschen sind die beiden Eigenschaften lebendig und vernünftig vorhanden; aber sie befinden sich nicht an zwei Subjekten, denn derjenige, welcher lebendig ist, ist derselbe, der vernünftig ist. Wenn also der Mensch in Belebtes und Vernünftiges eingetheilt wird, so ist die Eintheilung metaphysisch. In dem Genus: Belebtes sind die Menschen und die Thiere enthalten, oder die vernünftigen und unvernünftigen belebten Wesen. Aber das Wort enthalten bedeutet hier nicht, daß es in Wirklichkeit ein Wesen gebe, das aus diesen beiden Theilen besteht, oder diese beiden Eigenschaften in sich schließt; dies wäre nicht einmal möglich, da sie einander widersprechen; sondern daß die Idee des Belebten (animal) verschiedenen Species zukommen könne. Diese Theile existiren also nur in unserem Verstande; die Eintheilung des animal in rationale und irrationale ist demgemäß nur eine logische.

Wenn wir den gradlinigen Triangel in seine drei Linien eintheilen, so wird die Eintheilung real sein, da diese Linien verschiedene und trennbare Theile sind. Zerlegen wir ihn in die beiden Theile: geschlossene Figur und drei Linien, so ist die Eintheilung metaphysisch; denn, wenn auch diese beiden Eigenschaften den Triangel constituiren, so sind sie doch nicht in der Weise trennbar, daß die geschlossene Figur von den drei Linien in Wirklichkeit sich trennen ließe. Wenn wir endlich sagen, der Triangel werde eingetheilt in den gleichseitigen, gleichschenklichen und ungleichseitigen, so ist die Eintheilung logisch; denn obgleich in keinem Triangel diese Dinge vereinigt existiren, noch existiren können, so läßt sich doch die allgemeine Idee des Triangels auf diese verschiedenen Species desselben Genus anwenden.

Regeln.

1.

136. Bei der Eintheilung müssen alle Theile genannt werden.

Wenn man den menschlichen Körper in Fleisch und Knochen, oder in Kopf und Rumpf eintheilen würde, so wäre die Eintheilung unvollständig, weil andere Theile vergessen wären.

2.

137. Bei der Eintheilung darf der eine Theil nicht in dem anderen enthalten sein.

Wer die Erde eintheilte in die fünf Welttheile, und noch Spanien hinzufügte, würde schlecht eintheilen, weil Spanien schon in Europa enthalten ist. Von Spanien könnte man nur sprechen, wenn Europa eingetheilt werden sollte.

Eben so wäre die Eintheilung des Belebten (animal) in sensitives und rationales schlecht, da das sensitive Wesen schon im belebten Wesen enthalten ist.

3.

138. Die Theile der Eintheilung müssen von derselben Art sein.

Die Eintheilung des menschlichen Körpers in seine Glieder, wie: Haupt, Rumpf, Arme u. s. w. darf nicht vermischt werden mit der Eintheilung desselben nach den verschiedenen Arten seiner Theile, wie: Fleisch, Knochen, Blut u. s. w.

4.

139. Bei der Eintheilung muß man der natürlichen Ordnung der Sachen und der Ideen folgen.

Europa würde nicht gut eingetheilt sein, wenn man, bei Neapel anfangend, zu Preußen überginge, und so einer anderen Ordnung folgte, als der, in welcher die Länder wirklich liegen.

Die Eintheilung des Lebenden in vernünftiges und unvernünftiges wäre mangelhaft, weil man die Idee des sensitiven überspränge. Demgemäß muß das Lebende eingetheilt werden in das sensitive und insensitive, und dann erst müßte das lebende Sensitive oder das Belebte (animal) in das vernünftige und unvernünftige eingetheilt werden.

5.

140. Es dürfen nicht zu viele Unterabtheilungen gemacht werden.

Dies würde, anstatt aufzuklären, verwirren; um eine vollkommene Idee der Objekte zu bilden, taugt es nicht, sie zu pulverisiren.

IV. Kapitel.

Das Urtheil und die Behauptung.

I. Abschnitt.
Definition des Urtheils und der Behauptung.

141. Das Urtheil ist jener Akt des Verstandes, durch welchen wir eine Sache von einer anderen behaupten oder läugnen. Im ersteren Falle heißt das Urtheil affirmativ, im letzteren negativ. Die Sonne glänzt, ist ein affirmatives Urtheil; der Mond hat kein eigenes Licht, ein negatives.

142. Der Ausdruck des Urtheils durch Worte heißt Aussage, Behauptung (propositio). Der innere Akt, durch den ich bejahe, daß z. B. das Wetter schön ist, heißt Urtheil; die Worte, durch die ich es ausdrücke, bilden die Behauptung. Die Erklärung der verschiedenen Klassen von Urtheilen und ihrer Regeln ist zugleich die Erklärung der Behauptungen. Was also von den Behauptungen gesagt wird, ist auch vom Urtheil zu verstehen und umgekehrt.

143. Bei jedem Urtheil findet eine Beziehung einer Sache zu einer andern statt; diejenige, welche behauptet oder geläugnet wird, bezieht sich auf jene, von der sie behauptet oder geläugnet wird.

Dasjenige, von dem wir etwas behaupten oder läugnen, wird Subjekt genannt; und das, was wir behaupten oder läugnen, heißt Prädikat oder Attribut.

Der Ausdruck der Beziehung des Prädikates zum Subjekt wird Copula genannt. Hierzu dient das Zeitwort sein, das entweder ausgesprochen, oder stillschweigend verstanden wird.

Der Verrath ist ein Verbrechen. Verrath ist das Subjekt, Verbrechen das Prädikat, ist die Copula.

144. Bei vielen Behauptungen findet sich das Zeitwort sein nicht ausgedrückt; aber mitverstanden wird es immer. Crassus hat große Reichthümer; — Cicero glänzt durch seine Beredsamkeit; — Cäsar zeichnet sich aus durch sein politisches Talent — heißt so viel, als: Crassus ist sehr reich; — Cicero ist glänzend in der Beredsamkeit; — Cäsar ist ein sehr geschickter Politiker.

Auch das Subjekt und das Prädikat findet sich nicht immer ausgedrückt. Existo — heißt so viel, als: ego sum existens. — Amat sagt eben so viel, als: ille est amans. — Non credit heißt: non est credens.

II. Abschnitt.
Eintheilung der Behauptungen.

145. Die Behauptungen können an sich, und in ihren gegenseitigen Beziehungen betrachtet werden. Wir werden sie unter beiden Gesichtspunkten untersuchen.

146. Mit Rücksicht auf die Copula zerfallen die Behauptungen in affirmative und negative. Dies nennt man ihre Qualität. Affirmativ sind jene, welche bejahen; negativ jene, welche läugnen.

147. Damit die Behauptung negativ sei, muß die Negation die Copula berühren: — die Armuth ist nicht ein Fehler. — Wenn die Negation die Copula nicht berührt, ist die Behauptung nicht negativ. Das Gesetz befiehlt nicht dieses; — eine negative Behauptung. Das Gesetz befiehlt, dieses nicht zu thun; — eine affirmative Behauptung. Der Unterschied entsteht aus dem veränderten Orte, den die Negation einnimmt.

148. Mit Rücksicht auf das Subjekt werden die Behauptungen eingetheilt in allgemeine (universelle), besondere (particuläre), unbestimmte (indefinite) und Einzel-Behauptungen (singuläre). Dies nennt man ihre Quantität.

149. Jeder Baum ist eine Pflanze. Die Behauptung ist allgemein, weil es das Subjekt ist, welches durch das Wort jeder angedeutet wird.

150. Einige Körper sind elastisch. Die Behauptung ist eine besondere; denn das Subjekt wird durch den Zusatz einige beschränkt.

151. Die Deutschen sind nachdenklich. Die Behauptung ist unbestimmt, denn das Subjekt, die Deutschen, ist nicht bestimmt, da nicht ausgesprochen ist, ob alle oder nur einige gemeint sind.

152. Newton ist ein ausgezeichneter Mathematiker. Die Behauptung ist eine Einzel-Behauptung, da das Subjekt ein einzelnes ist. Damit die Behauptung eine singuläre sei, ist nicht nothwendig, daß das Subjekt ein Eigenname sei. Es genügt, daß es von einem Pronomen, oder einem anderen Zeichen begleitet sei, welches dasselbe bestimmt, und als einzelnes bezeichnet. Wenn ich, z. B. auf ein Metall mich beziehend, das ich in der Hand halte, sage, dieses Metall ist Silber, so ist die Behauptung singulär, wegen des hinzugesetzten Pronomens dieses. Anstatt eines Pronomens kann auch eine andere Bestimmung, oder charakteristische Eigenschaft angewendet werden; z. B. der Mann, welcher den Bau des Escurial leitete, war ein ausgezeichneter Architekt. — Der Ingenieur, der den Tunnel zu London construirte, ist eines Monumentes würdig.

153. Einige theilen die allgemeinen Behauptungen in distributive und collektive ein. Distributiv wird jene Behauptung genannt, bei welcher das Prädikat Allen einzeln zukommt, d. h. jedem einzelnen der Subjekte; collektiv ist sie, wenn das Prädikat sich auf Alle zusammengenommen bezieht. — Alle Spanier sind Europäer. Dies ist eine distributive allgemeine Behauptung, weil, Europäer zu sein, jedem einzelnen Spanier zukommt. — Die Spanier sind vierzehn Millionen, ist eine collektive Behauptung, denn nicht jeder Spanier ist vierzehn Millionen, sondern alle zusammen. Die collektive

Behauptung jedoch kann, genau genommen, nicht auf eine besondere Art der allgemeinen reducirt werden, da es auch besondere, unbestimmte, und selbst singuläre Collective gibt.

Wenn wir z. B. sagen: die Ausgaben des Staates belaufen sich auf tausend Million, so ist die Behauptung collektiv, weil man die Ausgaben in ihrer Vereinigung darunter versteht; und sie ist singulär, weil sie auf ein bestimmtes Collektiv sich bezieht.

Die Ausgaben in einem Staate sollen nicht bis auf den zwölften Theil des Ertrages des Landes sich belaufen. Dies ist eine collektive Behauptung, weil von den Ausgaben insgesammt gesprochen wird, und eine allgemeine, weil es sich um alle gesammten Ausgaben aller Länder handelt.

Die Ausgaben einiger Staaten übersteigen nicht zweihundert Millionen. Diese Behauptung ist collektiv aus dem schon angeführten Grunde, und partikulär, weil es sich nur um einige Gesammtheiten der Ausgaben handelt, da nur von einigen Staaten die Rede ist.

Die Ausgaben der Staaten sind zu groß, — ist eine Collektiv-Behauptung aus demselben Grunde, und eine unbestimmte Behauptung, da nicht ausgedrückt wird, ob es überall, oder nur bei einigen Staaten sich so verhalte.

Hieraus geht klar hervor, daß die Collektiv-Behauptungen von solcher Natur sind, daß sie nicht als eine Species der allgemeinen betrachtet werden können. Ihr unterscheidender Charakter besteht in der Art und Weise, wie das Subjekt genommen wird, nämlich, in Gesammtheit. Hieraus ergibt sich auch, daß der Ausdruck collektiv nicht unter die Arten des Allgemeinen oder Allumfassenden (Universellen) gesetzt werden kann.

III. Abschnitt.
Regeln über die Ausdehnung des Subjektes.

154. Die Ausdehnung des Subjektes macht keine Schwierigkeit bei den universellen, partikulären und singulären Behauptungen; denn es ist klar, daß bei den universellen von Allen ohne Ausnahme gesprochen wird; bei den partikulären von Einem oder von Einigen in unbestimmter Weise; und bei den singulären von Einem oder von Vielen, aber in bestimmter Weise. Allein bei den unbestimmten Behauptungen verhält es sich anders. So kann bei der Behauptung: die Deutschen sind nachdenklich, gezweifelt werden, ob von einigen oder von allen die Rede ist. Dies zu bestimmen, ist sehr wichtig; denn je nach der Ausdehnung, die dem Subjekte gegeben wird, ist die unbestimmte Behauptung wahr oder falsch.

Um hier nicht zu irren, erinnere man sich an folgende Regeln.

1.

155. Bei Gegenständen, welche sich auf das Wesen der Sachen oder ihre nothwendigen Eigenschaften beziehen, gilt die unbestimmte Behauptung der universellen gleich.

Die Durchmesser eines Kreises sind gleich: dies gilt von allen Durchmessern. Die Umläufe der Planeten sind elliptisch: dies wird von allen Umläufen verstanden. Es ist klar, daß, je nachdem die Nothwendigkeit eine innere, oder eine natürliche ist, die Behauptung mehr oder weniger streng universell sein wird.

In den angeführten Beispielen ist die Universalität der ersteren nothwendig absolut, ohne daß eine Ausnahme möglich wäre, da sie auf das Wesen der Sache gegründet ist; die der zweiten ist es nicht so vollkommen, da sie nur auf einem durch Beobachtung erkannten Naturgesetze beruht.

2.

156. Wenn es sich nicht um das Wesen der Sachen handelt, oder um ihre nothwendigen Gesetze, so ist die Universalität eine moralische, d. h. sie umfaßt den größeren Theil der Sachen.

So wird in dem angeführten Beispiele nicht ausgesprochen, daß alle Deutschen nachdenklich sind, sondern daß dies der Charakter dieser Nation sei, und daß folglich sehr viele ihn haben. Je nach dem Gegenstande, um den es sich handelt, wird die moralische Universalität eine mehr oder minder umfassende sein. Hier läßt sich gar keine Regel aufstellen, indem man in vernünftiger Weise nach den Umständen urtheilen muß.

157. Man sagt zuweilen, daß bei zufälligen Gegenständen die unbestimmte Behauptung der partikulären gleich sei. Dies ist nicht genau. In jeder unbestimmten Behauptung gibt es eine gewisse Universalität; denn sonst wäre einer, oder wenige Fälle schon hinreichend, um mit Wahrheit unbestimmte Behauptungen aussprechen zu können. So könnte man von einem Lande, wo der größere Theil der Menschen blonde Haare hat, unbestimmt sagen, daß seine Einwohner schwarzes Haar haben, wenn es nur überhaupt einige solcher Ausnahmen dort gäbe.

IV. Abschnitt.
Regeln über die Ausdehnung des Prädikates.

158. Wir haben gesehen, daß das Subjekt der Behauptung in verschiedener Weise genommen werden könne; sehen wir nun, wie es sich mit dem Prädikat oder Attribut verhält.

In diesem Theile der Logik trifft man auf einige schwer verständliche Dinge; allein ihre Schwierigkeit entsteht allein daraus, daß man nicht hinlänglich beachtet, daß die Regeln der Dialektik hier nichts mehr, als eine kurze und präcise Formel allgemeiner, und selbst trivialer Ideen sind.

159. Die Art und Weise, wie der Terminus bei einer Behauptung genommen wird, heißt in der Schulsprache Supposition. Ausdehnung (Extension) des Terminus heißt seine Beziehung auf eine größere oder geringere Zahl von Subjekten. Der Ausdruck also: dieser oder jener Terminus supponirt universell, heißt eben so viel, als, dieser Terminus wird in allumfassendem Sinne und mit allumfassender Ausdehnung genommen.

160. Jeder Mensch ist vernunftbegabt. — In dieser Behauptung wird das Subjekt allgemein genommen; wie aber wird das Prädikat genommen? Soll es heißen: Jeder Mensch ist jedes Vernunftbegabte, oder, mit anderen Worten, soll das Wort: vernunftbegabt hier auch universell gefaßt werden?

Es ist evident; daß jeder Mensch nicht alle vernunftbegabten Wesen ist, sondern nur ein vernunftbegabtes Wesen; mithin wird das Prädikat, vernunftbegabt, hier partikulär genommen.

Hieraus folgt, daß für die Prädikate folgende Regel gilt:

1.

Bei jeder affirmativen Behauptung supponirt das Prädikat oder Attribut partikulär.

161. Kein Metall ist lebendig. — In welcher Ausdehnung muß das Prädikat hier genommen werden? Es springt in die Augen, daß vom Metall geläugnet wird, nicht bloß, daß es dieses oder jenes Lebendige sei, sondern daß es überhaupt irgend ein Lebendiges von irgend einer Klasse sei. Die Behauptung wäre also nicht wahr, wenn das Metall auch nur zu einer Klasse der lebendigen Wesen gehörte. Dies wird noch deutlicher, wenn man bedenkt, daß kein Lebendiges alles Lebendige ist, sondern nur ein Individuum von einer Klasse der lebendigen Wesen. Es kann deßhalb von jedem Lebendigen geläugnet werden, daß es irgend ein bestimmtes Lebendiges sei; denn der Mensch, obgleich ein lebendiges Wesen, ist doch

kein Pferd, das ebenfalls lebendig ist. Wenn also das Prädikat nicht universell genommen würde, so könnte man sagen, kein Mensch ist ein Lebendiges, und eben so von allen Arten des Lebendigen; denn wenn das Prädikat partikulär genommen würde, so könnte es von allen Arten geläugnet werden, da ja die einen nicht die anderen sind, und von allen Individuen, da ebenfalls die einen nicht die anderen sind. Dies läßt sich durch folgende Regel ausdrücken:

2.

Bei jeder negativen Behauptung supponirt das Prädikat universell.

162. Man nennt Comprehension eines Terminus die Zahl von Eigenschaften, die er bezeichnet. So sind die des animal: lebendig und empfindend, und die des Menschen: animal und vernunftbegabt. Der Unterschied zwischen der Ausdehnung (Extension) und der Comprehension besteht darin, daß die Extension sich auf die Subjekte bezieht, denen der Terminus zukommt, und die Comprehension auf die Eigenschaften, welche er anzeigt.

163. Der Mensch ist animal. — In dieser Behauptung werden vom Menschen alle Eigenschaften des Prädikates animal behauptet, und sie wäre nicht wahr, wenn eine derselben fehlte. Deßhalb kann die Pflanze, obgleich sie eine derselben besitzt, nicht animal genannt werden, weil ihr die Sensibilität abgeht. Mithin ist hier folgende Regel aufzustellen:

1.

Bei den affirmativen Behauptungen wird das Prädikat auf das Subjekt in seiner ganzen Comprehension bezogen.

164. Die Pflanze ist nicht Metall. — Hier läugnet man von der Pflanze jedes Metall, und es heißt so viel als: sie ist kein Metall; aber es werden nicht von der Pflanze alle Eigenschaften geläugnet, welche der Begriff Metall in

sich schließt, wie z. B. ein Körper, die Sichtbarkeit u. s. w. Hieraus folgt die Regel:

2.

Bei den negativen Behauptungen wird das Prädikat vom Subjekte nicht in seiner ganzen Comprehension geläugnet.

165. Fassen wir diese vier Regeln zusammen, so werden wir sagen, daß bei den affirmativen Behauptungen das Prädikat in seiner ganzen Comprehension, aber nicht in seiner ganzen Extension genommen wird; und daß bei den negativen Behauptungen dasselbe in seiner ganzen Extension, aber nicht in seiner ganzen Comprehension gefaßt wird.

V. Abschnitt.
Umkehr der Behauptungen.

166. Unter Umkehr der Behauptungen versteht man die Umstellung ihrer termini, indem das Subjekt an die Stelle des Prädikates, und das Prädikat an die Stelle des Subjektes tritt. Diese Umstellungen sind von dreifacher Art: die einfache, die Umstellung per accidens und die Umstellung per contrapositionem. Bei der einfachen wird an den terminis nichts geändert; bei der per accidens ändert sich die Quantität der termini, und bei der per contrapositionem nimmt man sie in negativem Sinne im Gegensatz zu dem, welchen sie früher hatten, oder, nach dem Ausdruck der Schule, man macht sie unbestimmt (infinitos); wenn der Terminus Körper war, so sagt man kein Körper.

167. Die Dialektiker untersuchen, auf welche Weise die Behauptungen umgekehrt werden können, oder vielmehr, auf welche Art die Umstellung bewerkstelligt werden müsse, damit, wenn die erste Behauptung zugegeben ist, die neue in rechtmäßiger Weise resultire. Zu diesem Zweck drücken sie die Quantität der Behauptungen durch Buchstaben aus, indem

sie die universelle affirmative durch A, die universelle negative durch E, die partikuläre affirmative durch I und die partikuläre negative durch O bezeichnen. Dies sprechen sie in folgenden Versen aus:

Asserit A, negat E; verum generaliter ambo.
Asserit I, negat O; sed particulariter ambo.

Die Regeln der Umkehr der Behauptungen drückt man durch die Formel aus:

E, I simpliciter convertitur; E, A per accidens.
O, A per contra: sic fit conversio tota.

Dies bedeutet, daß die universelle negative Behauptung, die durch E, und die partikuläre affirmative, die durch I bezeichnet wird, in einfacher Weise umgekehrt werden; daß ferner die universelle negative E und die universelle affirmative A per accidens, und die partikuläre negative O und die universelle affirmative per contrapositionem umgekehrt werden. Dies wird besser durch Beispiele klar werden.

168. E simpliciter. Kein Metall ist etwas Lebendiges. Kein Lebendiges ist Metall. Die einfache Umkehrung ist rechtmäßig; denn da bei den negativen Behauptungen das Prädikat universell genommen wird (161), so wird alles Lebendige von allem Metall geläugnet, und beßhalb kann auch alles Metall von allem Lebendigen geläugnet werden.

169. I simpliciter. Irgend ein Lebendiges ist beseelt. Irgend ein Beseeltes ist lebendig. Die einfache Umkehr ist wiederum rechtmäßig; denn in beiden Fällen wird das Prädikat partikulär genommen. Es heißt also die erste Behauptung so viel als: Irgend ein Lebendiges ist irgend ein Beseeltes; woraus evident die zweite resultirt: Irgend ein Beseeltes ist lebendig, d. h. irgend ein Lebendiges.

170. E per accidens. Kein Europäer ist Amerikaner. — Irgend ein Amerikaner ist nicht ein Europäer. Die Umkehr ist rechtmäßig; denn wenn wir, wie bemerkt worden (166), behaupten können: Kein Ame-

rikaner ist Europäer, so können wir mit noch größerem Grunde behaupten, daß irgend ein Amerikaner kein Europäer sei.

171. A per accidens. Jeder Planet ist ein Körper. Irgend ein Körper ist ein Planet.

Da in der ersteren Behauptung das Prädikat, partikulär genommen, auf alle Subjekte bezogen wird; so kann dasselbe Prädikat, partikulär genommen, ein Subjekt sein, auf welches das Prädikat Planet bezogen wird; allein die Umkehr wäre nicht richtig, wenn man sagte: Jeder Körper ist ein Planet.

172. O per contrapositionem. Diese Umkehr, obgleich rechtmäßig, ist außergewöhnlich, und von geringem oder keinem Nutzen, und wir sprechen von ihr nur, um die Erklärung dieser Formeln vollständig zu machen. — Irgend ein Körper ist nicht Planet. — Irgend etwas nicht Planet Seiendes ist ein Körper; oder: Irgend etwas nicht Planet Seiendes ist nicht kein Körper.

Dem Gesagten zu Folge (163) werden von irgend einem Körper alle Planeten geläugnet; aber hieraus folgt nicht, daß das Prädikat Körper geläugnet werden könne von allen Planeten, oder selbst von einem Planeten. Um also die Umkehr wahr zu machen, ist es nöthig, zu der sonderbaren Idee seine Zuflucht zu nehmen, einen Terminus negativ zu machen, indem man sagt: Irgend ein nicht Planet Seiendes ist Körper; oder gar beide, wie in der anderen: Irgend etwas nicht Planet Seiendes ist nicht kein Körper.

173. A per contrapositionem. — Jeder Körper ist ausgedehnt. Irgend etwas nicht Ausgedehntes ist nicht Körper.

Der Grund ist: weil, wenn das Attribut ausgedehnt, partikulär genommen, jedem Körper zukommt, so wird das, was nicht ausgedehnt ist, nicht ein Körper, oder ein Nicht-Körper sein.

VI. Abschnitt.

Entgegenstellung (Opposition) der Behauptungen.

174. Die Entgegenstellung (Opposition) der Behauptungen besteht darin, daß, bei denselben Subjekten und Prädikaten mit gleicher oder verschiedener Quantität und Extension, die eine Behauptung affirmativ, und die andere negativ ist.

175. Es gibt verschiedene Arten von Opposition, nach welchen die Behauptungen die verschiedenen Namen: contradiktorische, conträre, subconträre und subalterne erhalten. Sie pflegen durch folgendes Schema bezeichnet zu werden, indem die Buchstaben A, E, I, O dieselbe Bedeutung, wie oben (167) erhalten.

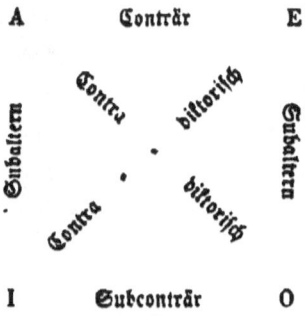

176. A ist in Bezug auf O contradiktorisch; die universelle affirmative und die partikuläre negative sind contradiktorisch. Z. B. Jedes Metall ist ein Körper; und: Irgend ein Metall ist kein Körper. In der Ersteren wird von jedem Metall behauptet, daß es Körper sei, und also auch von irgend einem Metall; in der zweiten wird dies von irgend einem Metall geläugnet; mithin widersprechen sie sich.

E ist in Bezug auf I contradiktorisch. Die universelle negative und die partikuläre affirmative Behauptung sind contradiktorisch. Kein Planet ist Komet; und: irgend ein Planet ist Komet.

In der ersteren wird von jedem Planeten geläugnet, Komet zu sein; und in der zweiten wird dies von irgend einem Planeten behauptet. Dies widerspricht sich.

Hieraus folgt, daß diejenigen Behauptungen contradiktorisch sind, bei denen in der einen behauptet wird, was die andere läugnet. Dies ist vollkommene, strenge Opposition. Die übrigen Oppositionen verdienen diesen Namen in weiterem Sinne; einige gibt es, welche nicht einmal den Schein von Opposition haben.

177. A ist in Bezug auf E conträr. Die universelle affirmative und die universelle negative sind conträr. Alle Afrikaner sind Neger; kein Afrikaner ist Neger.

Hier ist keine Contradiktion vorhanden; beide sind falsch; ohne daß deßhalb gesagt werden kann, daß Ja und Nein zu gleicher Zeit wahr sei, denn es genügt, daß einige Afrikaner Neger, und andere keine Neger sind, um beide Behauptungen falsch zu machen.

178. I ist subconträr in Bezug auf O. Die partikuläre Affirmative und die partikuläre Negative sind subconträr. Irgend ein Lebendiges ist sensitiv; irgend ein Lebendiges ist nicht sensitiv. Beide sind wahr: denn die Pflanze ist etwas Lebendiges und entbehrt der Sensibilität; und das Thier ist lebendig und sensitiv.

179. I ist subaltern in Bezug auf A. Die partikuläre Affirmative ist subaltern gegen die universelle Affirmative. Alle Gelehrten waren fleißig; irgend ein Gelehrter war fleißig.

Weit entfernt, daß Opposition zwischen diesen Behauptungen vorhanden sei, besteht sogar Verbindung zwischen ihnen, denn die zweite folgt aus der ersten.

180. O ist subaltern in Bezug auf E. Die partikuläre Negative ist subaltern gegen die universelle Negative. Kein Lasterhafter ist geschätzt; irgend ein Lasterhafter ist nicht geschätzt.

Hier gilt dieselbe Bemerkung, wie in dem vorhergehenden Falle.

Regeln.

1.

181. Die contradiktorischen Behauptungen können nicht beide wahr oder falsch sein; wenn die eine wahr ist, dann ist die andere falsch.

Es ist unmöglich, daß eine Sache zu gleicher Zeit sei und nicht sei.

2.

182. Bei den subalternen Behauptungen ist, wenn die universelle wahr ist, es auch die partikuläre; aber nicht umgekehrt.

Wenn jede Tugend lobenswürdig ist, so ist es klar, daß auch irgend eine Tugend lobenswürdig ist. Wenn kein Lasterhafter verehrungswürdig ist, so folgt, daß auch nicht irgend ein Lasterhafter verehrungswürdig ist. Daraus aber, daß irgend ein Körper Planet ist, folgt nicht, daß Alle es seien; eben so wenig wie man daraus, daß irgend ein Gelehrter nicht tugendhaft ist, schließen kann, daß kein Gelehrter es sei.

3.

183. Die conträren Behauptungen können beide falsch, aber nicht beide wahr sein.

Alle Europäer haben Amerika gesehen; kein Europäer hat Amerika gesehen. Beide sind falsch. Daß nicht beide wahr sein können, wird auf folgende Weise bewiesen: die universelle Affirmative wahre macht die partikuläre Affirmative wahr (182). Wenn also die universelle Negative es ebenfalls wäre, so würden zwei contradiktorische wahr sein, was unmöglich ist.

4.

184. Die subconträren Behauptungen können beide wahr, aber nicht beide falsch sein.

Irgend ein Afrikaner ist ein Neger; irgend ein Afrikaner ist kein Neger. Beide sind wahr. Wenn beide subconträren Behauptungen falsch wären, so würde die Falschheit der partikulären Affirmationen ihre contradiktorische, die universelle Negative, wahr machen; und die Falschheit der partikulären Negativen würde wiederum die universelle Affirmative wahr machen. Wir hätten also zwei wahre conträre Behauptungen, was unmöglich ist (183).

VII. Abschnitt.
Aequivalenz der Behauptungen.

185. Die Behauptungen sind äquivalent, wenn sie denselben Werth haben, oder dieselbe Sache bezeichnen.

186. Die contradiktorischen werden äquivalent, wenn dem Subjekt einer derselben die Negation vorgesetzt wird.

Jeder Mensch ist gelehrt; irgend ein Mensch ist nicht gelehrt. Diese Behauptungen sind contradiktorisch; sie werden aber äquivalent, wenn der ersteren die Negation vorgesetzt wird: nicht jeder Mensch ist gelehrt. Dasselbe entsteht bei der zweiten: nicht irgend ein Mensch ist nicht gelehrt. Doch die erstere Form ist natürlicher und gewöhnlicher.

187. Die conträren werden äquivalent, wenn die Negation dem Subjekte einer derselben nachgesetzt wird.

Jeder Körper ist Metall, eine Behauptung, die der folgenden conträr ist: kein Körper ist Metall, wird ihr äquivalent, wenn man sagt: jeder Körper ist nicht Metall. Eben so wird die zweite der ersten äquivalent, wenn man sagt: kein Körper ist nicht Metall.

188. Bei diesen Beispielen ist die Negation unmittelbar dem Prädikate vorgesetzt; zuweilen wird sie zwischen das Subjekt und die Copula gesetzt; doch diese Form ist nicht so klar. Omne corpus non est metallum; nullum corpus non est metallum. Die erste ist etwas zweideutig, denn gewöhnlich ist

sie der folgenden äquivalent: non omne corpus est metallum; was nicht das Resultat der Aequivalenz geben würde.

VIII. Abschnitt.
Zusammengesetzte Behauptungen.

189. Die Behauptungen sind einfach oder zusammengesetzt. Die einfachen sind jene, welche die Beziehung eines einzigen Prädikates auf ein einziges Subjekt ausdrücken. Von diesen haben wir in den vorigen Abschnitten gehandelt. Die zusammengesetzten sind jene, welche mehr als ein Subjekt, oder mehr als ein Prädikat enthalten. In jeder zusammengesetzten Behauptung sind mehrere einfache enthalten. Es gibt verschiedenartige zusammengesetzte Behauptungen; allein, wie wir sehen werden, sind sie nicht alle in demselben Sinne zusammengesetzt, und einige reduciren sich auf die Klasse der einfachen.

§. 1.
Copulative Behauptungen.

190. Die copulative Behauptung drückt die Verbindung verschiedener Affirmationen und Negationen aus. Sie kann von dreifacher Art sein: ein einziges Subjekt mit vielen Prädikaten; ein einziges Prädikat mit vielen Subjekten; viele Subjekte und viele Prädikate.

Anicetus ist tugendhaft und gelehrt, ist äquivalent den beiden einfachen Behauptungen: Anicetus ist tugendhaft; Anicetus ist gelehrt.

Anicetus ist weder tugendhaft noch gelehrt, ist äquivalent den beiden Behauptungen: Anicetus ist nicht tugendhaft; Anicetus ist nicht gelehrt.

Petrus und Antonius sind reich, ist äquivalent den beiden Behauptungen: Petrus ist reich; Antonius ist reich.

Petrus und Antonius sind nicht böse, gilt den beiden gleich: Petrus ist nicht böse; Antonius ist nicht böse.

Petrus und Antonius sind weder geschickt noch unterrichtet, enthält in sich die vier Behauptungen: Petrus ist nicht geschickt; Petrus ist nicht unterrichtet; Antonius ist nicht geschickt; Antonius ist nicht unterrichtet.

R e g e l.

191. Damit die copulative Behauptung wahr sei, ist es nöthig, daß es alle die einzelnen seien, in welche sie aufgelöst werden kann.

§. 2.

Disjunktive Behauptungen.

192. Eine disjunktive Behauptung ist jene, in welcher das eine von verschiedenen Extremen behauptet wird, indem man implicite die Existenz eines Mittels zwischen denselben läugnet.

Die Handlungen sind entweder gut oder schlecht, heißt so viel als: es gibt keine Handlung, die nicht zu einer dieser beiden Klassen gehörte. Wenn ein Mittel bezeichnet werden kann, wie z. B. wenn es indifferente Handlungen gäbe, so ist die Behauptung falsch. Dieses Metall ist entweder Gold oder Silber. Die Behauptung wird wahr sein, wenn man weiß, daß hier nur von diesen beiden Metallen die Rede sein kann; sie wird falsch sein, wenn es möglich ist, daß hier auch Kupfer oder Blei u. s. w. in Betracht kommen könne.

193. Bei Betrachtung der disjunktiven Behauptung zeigt es sich, daß sie äquivalent ist der Aufzählung der Klassen, zu denen ein Objekt gehören kann, und der Affirmation, daß es zu einer derselben gehört. Diese Platte ist entweder von Eisen, oder von Blei, oder von Kupfer, oder von Bronze, heißt so viel als: die Klassen von Metall, aus denen diese Platte bestehen kann, sind die vier genannten; die Materie muß zu einer derselben gehören, und kann keine andere, von ihnen verschiedene sein.

194. Diese Bemerkung der Logik wird durch den allgemeinen gesunden Sinn bestätigt. Alle werden einsehen, daß die obige Behauptung falsch ist, wenn eine andere Art von Metall, z. B. Stahl in Betracht kommen kann, und daß eine der genannten Arten nicht angeführt werden könne, wenn irgend ein Umstand deutlich anzeigte, daß die Materie z. B. nicht Blei sein könne.

195. Durch diese Erklärung wird deutlich, daß bei der disjunktiven Behauptung es nicht verschiedene Behauptungen oder Negationen gibt, sondern daß sie der Ausdruck eines einfachen Urtheils ist; denn alle lassen sich in die Formel zusammenfassen: diesem Subjekt kommt dieses, oder jenes, oder ein anderes Prädikat zu.

196. Die disjunktiven Behauptungen können daher nicht in demselben Sinne, wie die copulativen, zusammengesetzt genannt werden; denn sie begreifen in sich nicht, wie jene, verschiedene einfache Behauptungen, welche eben so viele Urtheile ausdrücken (190).

Regel.

197. Zur Wahrheit der disjunktiven Behauptung wird erfordert, daß kein Mittel zwischen den Gliedern der Trennung bezeichnet werden könne.

§. 3.

Conditionale Behauptungen.

198. Der conditionale Behauptung ist jene, welche eine Sache bejaht, oder läugnet, unter der Bedingung einer anderen. Wenn die Temperatur sich erwärmt, so wird das Quecksilber im Thermometer steigen. Hier wird weder die Wärme der Atmosphäre, noch das Steigen des Quecksilbers behauptet; sondern die Beziehung dieses Steigens zur Wärme.

199. Bei näherer Betrachtung sieht man, daß die conditionale Behauptung uneigentlich zu den zusammengesetzten gezählt wird; streng genommen ist sie eine einfache; denn was

in ihr behauptet wird, ist die Beziehung der Abhängigkeit einer Sache von einer andern. So könnte die obige Behauptung in folgender Form ausgesprochen werden: das Steigen des Quecksilbers hängt von der Wärme der Atmosphäre ab; oder in der anderen: die Wärme der Atmosphäre bringt das Steigen des Quecksilbers im Thermometer hervor.

200. Die negativen conditionalen Behauptungen bestätigen diese Bemerkung. Wenn es nicht regnet, wird keine Ernte sein. Durch diese Behauptung wird die nothwendige Abhängigkeit ausgedrückt, in welcher sich die Ernte vom Regen befindet. Es ist also hier nur eine einfache Behauptung vorhanden: ein einziges Subjekt, die Ernte, und ein einziges Prädikat, die Abhängigkeit vom Regen.

201. Bei den conditionalen Behauptungen wird der Theil, in welchem sich die Bedingung befindet, Antecedens, und das Bedingte Consequens genannt. In dem Beispiel: Wenn es regnet, wird Ernte sein, ist: Wenn es regnet, Antecedens, und: wird Ernte sein, Consequens.

Regel.

202. Zur Wahrheit dieser Behauptungen wird erfordert, daß, wenn das Antecedens gesetzt wird, das Consequenz gewiß folgt; denn dies allein wird behauptet.

§. 4.

Causale, exclusive, exceptive, restriktive, reduplikative, principale und accidentelle Behauptungen.

203. Man führt noch andere Arten von Behauptungen an. Ihre Namen erklären ihre Natur.

204. Causale Behauptungen sind jene, welche die Ursache ausdrücken, weßhalb das Prädikat dem Subjekte zukommt. Sie können wieder von verschiedener Art sein, je nachdem sie sich auf die verschiedenen Arten der Causalität beziehen. Cäsar

überschritt den Rubikon wegen der Herausforderungen seiner Feinde. Hier handelt es sich um eine moralische antreibende, (impulsive) Ursache. Cäsar überschritt den Rubikon, um sich der Regierung der Republik zu bemächtigen; — eine bezweckende (finale) Ursache. Cäsar siegte über Pompejus durch die Ueberlegenheit seiner Truppen, die in Gallien gekämpft hatten; — eine hervorbringende (efficiente) Ursache. — Cäsar besiegte den Pompejus wegen dessen Unvorsichtigkeit; — eine vorbereitende (präparatorische) Ursache.

205. Bei diesen Beispielen sind zwei Behauptungen vorhanden. Eine, welche die Thatsache behauptet, und eine andere, welche die Ursachen derselben bezeichnet. Sie können leicht in andere aufgelöst werden, z. B. Cäsar war Sieger; die Ursache des Sieges des Cäsar war die Ueberlegenheit seiner Truppen. Diese Behauptungen lassen sich also durch Analyse auf die copulativen zurückführen (190).

206. Es gibt causale Behauptungen, in welchen die Thatsache nicht ausdrücklich behauptet, sondern nur die Ursache angezeigt wird, in der Voraussetzung, daß jene sich verwirklicht habe, oder verwirklichen werde; z. B.: Rom wäre gerettet worden, wenn es seine alten Sitten beibehalten hätte. Diese Behauptungen gehören jedoch zu den conditionalen, in denen bloß die Abhängigkeit einer Sache von einer anderen ausgedrückt wird. Die obige Behauptung ist der folgenden äquivalent: Wenn Rom seine alten Sitten bewahrt hätte, so wäre es gerettet worden.

207. Die exclusiven Behauptungen sind jene, welche etwas, mit Ausschluß des Uebrigen, behaupten. Bei einigen bezieht sich die Ausschließung auf das Subjekt, bei anderen auf das Prädikat. Die Jünglinge allein sind beweglich. Die Behauptung kann in die folgenden aufgelöst werden: die Jünglinge sind beweglich, und die Nicht-Jünglinge sind nicht beweglich. Hier bezieht sich die Ausschließung auf das Subjekt. — Archimedes ist nur Mathematiker;

ist den beiden folgenden äquivalent: Archimedes ist Mathematiker; Archimedes besitzt keine anderen Wissenschaften. Die Ausschließung bezieht sich hier auf das Prädikat.

208. Hieraus folgt, daß die exclusiven Behauptungen gewissermaßen einer copulativen äquivalent sind, da sie zwei einfache enthalten, eine affirmative und eine negative.

209. Die exceptiven Behauptungen behaupten oder läugnen ausnahmsweise.

Alle Soldaten, außer einem, sind gehorsam, ist den beiden folgenden gleich: ein Soldat ist nicht gehorsam, und alle übrigen sind gehorsam. Die Ausnahme betrifft hier das Subjekt. — Dieser Soldat besitzt alle militärischen Eigenschaften, nur nicht die Ausdauer, ist den beiden andern gleich: Dieser Soldat hat keine Ausdauer und hat alle anderen militärischen Eigenschaften. Hier betrifft die Ausnahme das Prädikat.

210. Es ist leicht zu bemerken, daß die exceptiven Behauptungen zwei Behauptungen, eine positive und eine negative, in sich schließen; es kann daher das von dem exclusiven Gesagte, auch auf sie angewendet werden (207).

211. Die restriktiven Behauptungen sind jene, welche das Prädikat vom Subjekte behaupten oder läugnen, indem sie sich nur auf eine gewisse Eigenschaft des Subjektes beziehen.

Der Magistrat achtet als Richter nicht auf die Empfehlungen der Freunde. Der Magistrat hat als Mensch Mitleid mit den Schuldigen. Diese Behauptungen lösen sich in zweie auf: Der Magistrat achtet nicht auf die Empfehlungen der Freunde und diese Nichtbeachtung wendet er an, wenn er die Gerechtigkeit verwaltet. Man sieht, daß eine gewisse Beschränkung des Prädikates auf eine bestimmte Eigenschaft des Subjektes statt findet.

212. Die reduplicativen Behauptungen sind jene, bei welchen das Prädikat auf das Subjekt angewendet wird, in-

dem man sich auf die durch den Namen des Subjektes selbst ausgedrückte Eigenschaft beschränkt. Der Soldat als Soldat (oder als solcher) hat keinen anderen Willen, als den seines Vorgesetzten.

213. Die principale Behauptung ist jene, welche das Subjekt und das Prädikat enthält, und die accidentelle jene, welche eine Eigenschaft des einen oder des andern erklärt.

Die Soldaten des Cäsar, welche bei Pharsalus siegten, waren tapfer. Die principale ist: Die Soldaten waren tapfer, und die accidentelle: welche bei Pharsalus siegten. —

Hannibal besiegte die Römer, welche ihn bei Cannä erwarteten. Hier bezieht sich die accidentelle auf das Prädikat.

214. Bei näherer Betrachtung zeigt es sich, daß hier nicht zwei Behauptungen, sondern nur zusammengesetzte Termini vorhanden sind; denn die accidentellen sind nur Theile, welche den Sinn des Subjektes oder Prädikates vervollständigen.

IX. Abschnitt.
Die falsche Supposition.

215. Die Behauptungen, welche in unrichtiger Weise die Existenz eines Subjektes voraussetzen, werden genannt: de subjecto non supponente; wie z. B. die Centauren sind furchtbar, wo die Existenz der Centauren, fabelhafter Ungeheuer, vorausgesetzt wird.

Der von Saturn beschriebene Kreis ist größer als der des Mars. Auch diese ist de subjecto non supponente; denn sie setzt voraus, daß die Umläufe der Planeten kreisförmig sind, während sie in Wirklichkeit Ellipsen sind. Das lobenswürdigste Laster ist die Verschwendung, gehört zu derselben Art; denn es supponirt, daß es ein lobenswürdiges Laster gibt, während in Wirklichkeit kein Laster lobenswürdig ist.

216. Wenn man sagt, die Behauptung sei de subjecto non supponente, so versteht man hier unter Subjekt irgend einen der Termini, da die falsche Supposition ebenso bei dem Prädikate vorkommen kann. Die Landenge von Suez ist größer, als die, welche England mit Frankreich verbindet. Auch hier ist falsche Voraussetzung, weil supponirt wird, England hänge mit Frankreich durch eine Landenge zusammen.

Die falsche Supposition kann auch in den zusammengesetzten Behauptungen vorkommen. Beispiele dieser Art können leicht aufgefunden werden.

217. In der Schulsprache pflegte man, wenn Jemand durch eine Behauptung de subjecto non supponente, in Irrthum verfiel, zu erwiedern: Nego suppositum.

X. Abschnitt.
Ordnung der Termini.

218. Die logische Ordnung der Termini in den Behauptungen ist folgende: Subjekt, Copula, Prädikat oder Attribut. Die logische Ordnung ist aber nicht immer die am meisten natürliche; denn wir drücken, nach der Art und Weise, wie wir von den Objekten afficirt werden, in verschiedener Ordnung die Ideen aus, welche sie darstellen. Der Takt in den Umstellungen der Worte ist eines der Hilfsmittel der Dichter und Redner: ein höchst energisches und bedeutsames Wort wird kalt und unbedeutend, wenn es an einen anderen Ort gestellt wird. Die Regeln über diesen Punkt gehören nicht in die Logik.

219. Alle einfachen und zusammengesetzten Behauptungen, sei ihre Form und die Ordnung der Stellung ihrer Termini, welche sie wolle, können auf eine oder mehrere einfache zurückgeführt werden, in welchen die Termini in einer streng logischen Ordnung stehen. Hierzu genügt es bei den einfachen, zu entdecken, welches das Subjekt, oder die Sache, von der etwas behauptet oder geläugnet wird, und welches das Prädikat, oder

die Sache, die behauptet oder geläugnet wird, sei; und bei den zusammengesetzten, welches die einfachen sind, aus denen sie bestehen.

Mit den obigen Beispielen kann die Art und Weise, diese Auflösung vorzunehmen, leicht gelernt werden.

XI. Abschnitt.
Wahrheit, Gewißheit, Meinung, Zweifel.

220. Die Wahrheit in der Erkenntniß, oder die formale Wahrheit, ist die Conformität der Erkenntniß mit der Sache. Es ist jedoch zu bemerken, daß die formale, eigentlich sogenannte Wahrheit nicht in der Auffassung, sondern im Urtheil besteht; denn da in der bloßen Auffassung nichts behauptet und nichts geläugnet wird, so kann es keine Conformität oder Opposition zwischen dem intellektuellen Akte und der Wirklichkeit geben. Wenn wir einen Riesen von hundert Ellen Höhe uns denken, so haben wir eine Vorstellung, der nichts entspricht; aber wir irren deßhalb nicht. Wenn wir aber innerlich bejahten, daß ein Riese von hundert Ellen existire, dann würden wir in Irrthum fallen.

221. Wenn das Urtheil der Wirklichkeit conform ist, dann heißt es wahr; wenn nicht, falsch oder irrthümlich. Dieselben Namen kommen der Behauptung zu, jenachdem das Urtheil, welches sie ausdrückt, wahr oder falsch ist.

222. Gewißheit ist die feste Zustimmung zu einer Sache. Sie ist von vierfacher Art: metaphysische, physische, moralische und Gewißheit des allgemeinen gesunden Sinnes.

223. Die metaphysische Gewißheit ist jene, welche sich auf das Wesen der Dinge gründet, wie z. B., daß drei und zwei fünf; daß die Durchmesser eines Kreises gleich sind.

224. Die physische Gewißheit ist jene, welche sich auf die Beständigkeit der Naturgesetze gründet. Daß z. B. morgen die Sonne aufgehen wird, ist gewiß mit physischer Gewißheit.

Es könnte aber auch geschehen, daß sie nicht aufginge; denn Gott kann die Naturgesetze verändern, und die Gestirne in ihrem Laufe aufhalten.

225. Moralische Gewißheit ist jene, die auf dem gewöhnlichen Lauf der Dinge beruht. Es ist moralisch gewiß, daß eine Magistratsperson, die wir mit ihren Verrichtungen beschäftigt sehen, die bestimmte Person ist, die so und so heißt; allein, ohne daß das Wesen der Sache, noch die Gesetze der Natur alterirt würden, wäre es möglich, daß diese Magistratsperson ein Betrüger sei, der an die Stelle der wahren sich gesetzt, und das Publikum durch die Aehnlichkeit seines Aeußeren und durch falsche Documente täuscht.

226. Gewißheit des allgemeinen gesunden Sinnes nenne ich jene, welche sich weder auf das Wesen der Sache, noch auf die Gesetze der Natur gründet, aber nichts desto weniger uns so sicher macht, wie die physische Gewißheit selbst. Von solcher Art ist z. B. die Gewißheit, die wir haben, daß, wenn eine Menge von Buchdruckerlettern aufs Gerade-wohl ausgestreut werden, sich niemals die Aeneis des Virgil daraus bilden wird. Dies wird weiter unten ausführlicher erklärt werden.

227. Die Urtheile, bei welchen die feste Zustimmung, welche Gewißheit genannt wird, vorhanden ist, heißen gewisse, und sie werden metaphysisch, physisch, moralisch, oder nach dem gesunden Sinne gewiß sein, je nach der Art von Gewißheit, welche dabei vorhanden ist.

228. Wenn gewichtige Gründe für ein Urtheil vorhanden sind, aber nicht solche, die vollkommene Gewißheit hervorbringen, so nennt man es ein wahrscheinliches, und noch häufiger erhält es den Namen Meinung. Es ist klar, daß die Meinung sich auf mehr oder minder gewichtige Gründe stützen kann, je nach welchen sie sich mehr oder weniger der Gewißheit nähern wird; aber immer muß sie noch nicht bis zu einer vollkommen festen Zustimmung kommen, und noch einige Furcht, daß das Gegentheil wahr sein könnte, einschließen: denn sonst

würde sie aufhören, Meinung zu sein, und zum Grabe der Gewißheit sich erheben.

229. Der Zweifel ist die Suspension der Erkenntniß zwischen zwei Urtheilen. Wenn die Suspension aus Mangel an Gründen dafür oder dawider entsteht, so ist der Zweifel negativ; wenn sie aus der Gleichheit der Gründe hervorgeht, so heißt er positiv. Wenn man frägt, ob es in Madrid mehr, als in Toledo geregnet hat, und man kein Zeugniß, noch irgend ein Mittel besitzt, um die Frage zu entscheiden, so ist der Zweifel negativ. Zwei Zeugen, die an Verstand, an Wahrhaftigkeit, und in allem, was ihren Worten Gewicht verleihen kann, völlig gleich sind, behaupten widersprechende Thatsachen, indem der eine bejaht, was der andere läugnet. Hier wird positiver Zweifel entstehen.

230. Die Regeln, um richtig zu urtheilen, sind zum Theil in dem enthalten, was in Bezug auf das richtige Begreifen gesagt ist (96 und folgende); denn es ist klar, daß, wenn wir die Sachen richtig erfassen, wir den Subjekten die Prädikate beilegen werden, welche ihnen gebühren. Dennoch fehlen noch einige Bemerkungen, welche viel dazu beitragen können, um Irrthum zu vermeiden und die Wahrheit zu finden. Wir werden sie am geeigneten Orte auseinandersetzen.

V. Kapitel.

Das Schließen.

I. Abschnitt.

Das Schließen im Allgemeinen.

231. Schluß (ratiocinium) heißt der Akt des Verstandes, durch welchen wir eine Sache aus einer anderen ableiten oder folgern.

232. Zu dieser Folgerung bedürfen wir eines Mittels, welches Argument genannt wird. Die Form, in der wir

ben Schluß ausbrücken, heißt Argumentation. Eine Reihe von Argumentationen nennt man Beweis (Räsonnement, Diskurs).

233. Die Behauptungen, in welchen die Vergleichung der Extreme mit dem Mittel angestellt wird, heißen Prämissen; und diejenige, in welcher die Schlußfolge ausgedrückt wird, nennt man Conclusion (Schlußfolge).

234. Streng genommen, muß man unterscheiden zwischen der Schlußfolge selbst, und der Behauptung, welche sie ausspricht. Im ersten Falle nimmt man nur Rücksicht auf die Verknüpfung der Behauptung mit den Prämissen; im letzteren betrachtet man sie für sich isolirt. Irgend ein Metall ist kostbar; also ist das Gold kostbar. Diese letztere Behauptung ist an sich betrachtet wahr; als Schlußfolge aber ist sie falsch; denn daraus, daß irgend ein Metall kostbar ist, folgt nicht, daß Gold es sei; denn dasselbe könnte gesagt werden vom Blei und von allen anderen. Deßhalb nennt man die Schlußfolgen als solche nicht wahre oder falsche, sondern legitime oder illegitime. Eine wahre Behauptung kann eine illegitime Schlußfolge sein, wie man an dem obigen Beispiele sieht; und ebenso eine falsche Behauptung eine legitime Schlußfolge. Jedes Mineral ist lebendig; also ist das Gold lebendig. Die Behauptungen sind falsch, aber die Schlußfolge legitim.

235. Das Haupt=Fundament alles Schließens ist das sogenannte Princip des Widerspruchs: es ist unmöglich, daß eine Sache zu gleicher Zeit sei und nicht sei. Die Schlußfolge muß in den Prämissen schon enthalten und also implicite in einer derselben schon ausgesprochen sein. Das Schließen ist mithin der Akt, durch den wir entdecken, daß ein Urtheil in einem anderen enthalten ist, wozu uns dasjenige dient, was wir das Mittel nennen. Der Richter weiß, daß er eine bestimmte Strafe über alle Räuber zu verhängen hat: allein da er nicht weiß, daß diese oder jene Person ein Räuber ist, so weiß er auch nicht, daß er über ihn die Strafe zu verhängen hat. Das Urtheil: diese Person verdient diese Strafe,

war in dem anderen allgemeinen enthalten: alle Räuber verdienen diese Strafe; allein, um dies zu entdecken, war ein bestimmtes Urtheil nöthig, nämlich: diese Person ist ein Räuber.

236. Dies wird noch besser verstanden werden, wenn es auf die verschiedenen Formen der Argumentation angewendet wird, mit denen wir uns daher vor allem Anderen bekannt machen müssen. Die hauptsächlichsten sind folgende: Syllogismus, Enthymema, Epikerema, Dilemma, Soriten (oder Kettenschlüsse), Induktion, Analogie.

II. Abschnitt.
Definition und Eintheilung des Syllogismus.

237. Syllogismus ist jene Argumentation, bei welcher zwei Extreme mit einem dritten verglichen werden, um die Beziehung zu entdecken, die sie unter sich haben.

Jede Tugend ist lobenswerth;
Die Klugheit ist eine Tugend;
Also ist die Klugheit lobenswerth.

Die beiden Extreme: Klugheit und lobenswerth werden mit dem dritten: Tugend verglichen, und hieraus wird gefolgert, daß das Attribut lobenswerth der Klugheit zukomme.

238. Die verglichenen Extreme werden Termini genannt; das Allgemeinere: terminus major; das Andere terminus minor. Der Punkt der Vergleichung heißt: terminus medius. In dem angeführten Beispiel ist Klugheit der terminus minor; lobenswerth der terminus major, und Tugend der terminus medius.

239. Die Prämisse, in welcher der terminus major enthalten ist, heißt ebenfalls major, und die andere minor. Am häufigsten ist die major die erste des Syllogismus; allein auch wenn sie den Ort wechseln, verändert sich ihre Natur nicht.

240. Die Syllogismen werden eingetheilt in einfache und zusammengesetzte. Die einfachen bestehen aus lauter

einfachen Propositionen (Behauptungen), wie das oben (237) angeführte Beispiel; die zusammengesetzten enthalten irgend eine zusammengesetzte Behauptung.

III. Abschnitt.
Regeln für die einfachen Syllogismen.

241. Da es das Grundprincip der Syllogismen ist, daß die Dinge, welche mit einem dritten identisch sind, untereinander identisch sind, so folgt, daß alle Regeln der Syllogismen auf eine einzige sich zurückführen lassen, nämlich: die Vergleichung muß eine Vergleichung derselben Extreme mit demselben Mittel sein. In den Schulen pflegt man jedoch verschiedene Regeln anzugeben, welche als Erklärungen dieser Fundamentalregel angesehen werden können.

Man pflegte sie durch folgende Verse zu bezeichnen:
1. Terminus esto triplex: medius, majorque minorque.
2. Latius hos quam praemissae conclusio non vult.
3. Aut semel aut iterum, medius generaliter esto.
4. Nequaquam medium capiat conclusio fas est.
5. Ambae affirmantes nequeunt generare negantem.
6. Pejorem semper sequitur conclusio partem.
7. Utraque si praemissa neget, nihil inde sequetur.
8. Nil sequitur geminis ex particularibus unquam.

1.

242. Jeder Syllogismus muß aus drei terminis, dem major, minor und medius bestehen.

Ohne dieses würde die Vergleichung zweier mit einem dritten nicht stattfinden können. Damit der Syllogismus fehlerhaft sei, ist es nicht nöthig, daß ausdrücklich mehr als drei termini vorhanden seien; es genügt, daß einer derselben in verschiedenem Sinne in den beiden Behauptungen genommen werde; denn in diesem Falle wäre wohl das Wort dasselbe, nicht aber die Bedeutung. Ein Soldat ist tapfer; ein Feiger ist

Soldat; also ist ein Feiger tapfer. — Der terminus medius, Soldat ist nur einer dem Worte nach, nicht aber der Bedeutung nach; denn in der propositio major handelt es sich um einen anderen Soldaten, als in der propositio minor. Auf diese Regel, wenn sie wohl erklärt und verstanden wird, können alle übrigen reducirt werden (235).

2.

243. **Die termini dürfen in der conclusio nicht in größerer Ausdehnung, als in den Prämissen genommen werden.**

Diese Regel reducirt sich auf die erste; denn durch größere Ausdehnung verändert man die termini.

3.

244. **Der terminus medius muß distributiv in einer der Prämissen genommen werden, wenn er nicht singulär ist.**

Wenn der terminus medius nicht distributiv, sondern partikulär in einer der Prämissen genommen wird, so kann er sich auf verschiedene Subjekte in den verschiedenen Prämissen beziehen, wie es in dem obigen Beispiele der Fall ist (242). Wenn aber der terminus medius singulär ist, so wird der Syllogismus richtig sein. Cäsar wurde von Brutus ermordet; der Sieger von Pharsalus war Cäsar; also wurde der Sieger von Pharsalus von Brutus ermordet.

4.

245. **Der terminus medius darf in der Conclusion nicht vorkommen.**

Er dient nur dazu, um die beiden Extreme zu vergleichen; und in der Conclusion soll nur das Resultat enthalten sein, d. h. die Beziehung der Extreme zu einander.

5.

246. **Aus zwei affirmativen Behauptungen kann keine negative gefolgert werden.**

Denn daraus, daß zwei termini mit einem dritten identisch sind, kann nicht folgen, daß sie unter einander verschieden sind.

6.

247. **Die Conclusion muß stets dem schwächeren Theile folgen; d. h. wenn eine der Prämissen partikulär oder negativ ist, so muß auch die Conclusion partikulär oder negativ sein.**

Daß bei nur einer partikulären Prämisse die Conclusion es ebenfalls sein müsse, folgt aus dem in n. 243 Gesagten. Daraus ferner, daß ein Extrem mit einem dritten identisch ist, und das andere nicht, kann niemals folgen, daß das eine das andere sei; also kann die Conclusion nicht affirmativ sein, wenn eine Prämisse negativ ist.

7.

248. **Aus zwei negativen Behauptungen folgt nichts.**

Erstens kann aus zwei Negativen keine Affirmative gefolgert werden. Zwei termini können mit einem dritten nicht identisch, und gleichwohl auch unter sich nicht identisch sein. Aus zwei Negativen kann also eine Affirmative nicht geschlossen werden. Cäsar ist nicht Pompejus; Cicero ist nicht Pompejus; hieraus folgt nicht, daß Cäsar Cicero sei.

Daß ferner zwei termini mit einem dritten nicht identisch sind, beweist auch nicht, daß sie untereinander nicht identisch sind; und daher kann aus zwei Negativen eben so wenig eine Negative gefolgert werden. Alexander ist nicht Cäsar; der Besieger des Darius ist nicht Cäsar; hieraus folgt nicht, daß Alexander nicht der Besieger des Darius sei.

Homer ist nicht Virgil; der Verfasser der Ilias ist nicht Virgil; dies berechtigt nicht zu dem Schlusse, daß Homer nicht der Verfasser der Ilias sei.

8.

249. **Aus zwei partikulären Behauptungen folgt nichts.**

Wenn beide affirmativ sind, so werden alle termini partikulär genommen; der terminus medius ist also weder universal, noch singulär (244). Wenn die eine negativ ist, so muß auch die Conclusion negativ sein (247); in welchem Falle das Prädikat universell sein wird (161). Da in den Prämissen bloß ein terminus universell genommen wird, so muß dieser entweder das Extrem, oder der terminus medius sein; wenn er der letztere ist, so verstößt der Syllogismus gegen die zweite Regel (243); wenn es das Extrem ist, gegen die dritte (244).

IV. Abschnitt.
Figuren und Arten des Syllogismus.

250. Je nach dem Orte, den der terminus medius einnimmt, werden die Syllogismen in vier Klassen eingetheilt, die man Figuren nennt.

Bei der ersten ist der terminus medius Subjekt in der propositio major, und Prädikat in der propositio minor. Bei der Zweiten ist er in beiden Prädikat. Bei der Dritten ist er in beiden Subjekt. Bei der vierten ist er in der major Prädikat, und in der minor Subjekt.

Um diese Figuren dem Gedächtniß einzuprägen, pflegte man in den Schulen folgende Formel (oder eine andere ähnliche) anzuwenden: Prima: sub prae; secunda: prae prae; tertia: sub sub; quarta: prae sub.

251. Die Combination der Propositionen mit Rücksicht darauf, ob sie universell oder partikulär, affirmativ oder ne-

gativ sind, nennt man Art des Syllogismus. Diese Arten werden in direkte und indirekte eingetheilt; bei den direkten ist der terminus major Prädikat der Conclusion; bei den indirekten Subjekt.

252. Wenn die Quantität und Qualität der Propositionen durch die Buchstaben A, E, I, O ausgedrückt wird (167), und sie zu drei und drei combinirt werden, so findet man, daß vier und sechzig Combinationen gebildet werden können; allein nur neunzehn derselben sind legitime. Diese wurden in den Schulen durch die famosen Verse bezeichnet:

Barbara, Celarent, Darii, Ferio, Baralipton,
Celantes, Dabitis, Fapesmo, Friseso-morum,
Cesare, Camestres, Festino, Baroco, Darapti,
Felapton, Disamis, Datisi, Bocardo, Ferison.

Die Vocale dieser barbarischen Worte bezeichnen die Propositionen in der in n. 167 angegebenen Weise. Dies wird durch Beispiele klar werden.

253. Barbara. Die dreifache Wiederholung des Vocales A soll hier andeuten, daß der Syllogismus aus drei universellen affirmativen Behauptungen besteht. Ferio deutet einen Syllogismus an, bei welchem die major universell negativ ist, E; die minor partikulär affirmativ, I; und die Conclusion partikulär negativ, O. Wenn das Wort mehr, als drei Vocale hat, so kommen bloß die drei ersten in Betracht; die anderen sind nur, um das Versmaß auszufüllen, hinzugefügt, wie in Friseso-morum.

254. Barbara.
    A. Jedes Metall ist ein Körper;
    A. Alles Blei ist Metall;
    A. Also ist alles Blei ein Körper.
Celarent.
    E. Kein Metall ist eine Pflanze;
    A. Alles Blei ist Metall;
    E. Also ist kein Blei eine Pflanze.

Darii.
- A. Jedes Metall ist ein Körper;
- I. Irgend ein Mineral ist Metall;
- I. Also ist irgend ein Mineral ein Körper.

Ferio.
- E. Kein Metall ist lebendig;
- I. Irgend ein Körper ist Metall;
- O. Also ist irgend ein Körper nicht lebendig.

Diese angeführten vier Arten gehören zur ersten Figur, weil der terminus medius, Metall, Subjekt in der major, und Prädikat in der minor ist. Ueberdies gehören sie zu der direkten Art.

255. Barali.
- A. Jedes Metall ist ein Körper;
- A. Jedes Blei ist Metall;
- I. Also ist irgend ein Körper Blei.

Celantes.
- E. Kein Metall ist lebendig;
- A. Alles Blei ist Metall;
- E. Also ist nichts Lebendiges Blei.

Dabitis.
- A. Jedes Metall ist ein Körper;
- I. Irgend ein Mineral ist Metall;
- I. Also ist irgend ein Körper ein Mineral.

Fapesmo.
- A. Alles Metall ist ein Körper;
- E. Nichts Lebendiges ist Metall;
- O. Also ist irgend ein Körper nichts Lebendiges.

Friseso.
- I. Irgend ein Mineral ist Metall;
- E. Nichts Lebendiges ist ein Mineral;
- O. Also ist irgend ein Metall nichts Lebendiges.

Diese fünf vorstehenden Arten gehören gleichfalls zur ersten Figur, aus dem angeführten Grunde (250); sie gehören aber zur indirekten Art, weil der terminus major nicht das Prädikat, sondern das Subjekt der Conclusion ist.

256. Cesare.
 E. Nichts lebendiges ist Metall;
 A. Alles Blei ist Metall;
 E. Also ist kein Blei etwas Lebendiges.

Camestres.
 A. Alles Blei ist Metall;
 E. Keine Pflanze ist Metall;
 E. Also ist kein Blei eine Pflanze.

Festino.
 E. Keine Pflanze ist Metall;
 I. Irgend ein Körper ist Metall;
 O. Also ist irgend ein Körper keine Pflanze.

Baroco.
 A. Alles Blei ist Metall;
 O. Irgend ein Körper ist nicht Metall;
 O. Also ist irgend ein Körper kein Blei.

Diese vier Arten gehören zur zweiten Figur, weil der terminus medius stets Prädikat ist.

257. Darapti.
 A. Alles Metall ist ein Mineral;
 A. Alles Metall ist ein Körper;
 I. Also ist irgend ein Körper ein Mineral.

Felapton.
 E. Kein Metall ist eine Pflanze;
 A. Alles Metall ist ein Körper;
 O. Also ist irgend ein Körper keine Pflanze.

Disamis.
 I. Irgend ein Metall ist Blei;
 A. Alles Metall ist ein Körper;
 I. Also ist irgend ein Körper Blei.

Datisi.
 A. Alles Metall ist ein Körper;
 I. Irgend ein Metall ist Blei;
 I. Also ist irgend ein Körper Blei.

Bocardo.
O. Irgend ein Metall ist nicht Blei;
A. Alles Metall ist ein Mineral;
O. Also ist irgend ein Mineral nicht Blei.

Ferison.
E. Kein Metall ist eine Pflanze;
I. Irgend ein Metall ist Blei;
O. Also ist irgend ein Blei keine Pflanze.

Die sechs Arten gehören zur britten Figur; weil der terminus medius in der major und minor Subjekt ist.

V. Abschnitt.
Zusammengesetzte Syllogismen.

258. Die zusammengesetzten Syllogismen sind conditionale, disjunktive und copulative.

259. Ein conditionaler oder hypothetischer Syllogismus ist jener, welcher gebildet wird aus einer conditionalen Behauptung, aus einer anderen einfachen, in welcher einer der Theile der conditionalen behauptet oder geläugnet wird, und aus der Schlußfolge. Die conditionale nennt man antecedens, und die Conclusion consequens.

Wenn die Sonne die Röhre des Thermometers erwärmt, so wird das Quecksilber steigen.
Die Sonne erwärmt die Röhre;
Also steigt das Quecksilber.

Erste Regel.

260. Wenn das antecedens behauptet wird, so muß auch das consequens behauptet werden.

Es ist klar, daß bei Voraussetzung der Beziehung der Sonnenwärme zum Steigen des Thermometers, wenn diese Wärme vorhanden ist, auch das Steigen stattfinden werde. Es ist jedoch zu beachten, daß nicht umgekehrt die Behauptung des consequens zur Behauptung des antecedens berechtigt. Man kann nicht sagen: Wenn das Quecksilber steigt, so erwärmt es die Sonne; denn das Quecksilber kann auch durch die Wärme eines Ofens, oder aus einer anderen Ursache zum Steigen gebracht werden.

Zweite Regel.

261. **Wenn das consequens negirt wird, so muß auch das antecedens negirt werden.**

Wenn das Quecksilber nicht steigt, so ist dies ein Zeichen, daß die Ursache nicht vorhanden ist, die es steigen macht; daß also die Sonnenwärme fehlt. Aber auch hier ist zu beachten, daß aus der Negation des antecedens die des consequens nicht gefolgert werden könne. Folgendes Ratiocinium wäre also ungültig: Wenn die Sonne die Röhre nicht erwärmt, so steigt das Quecksilber nicht; denn es kann durch eine andere Wärme, die nicht die der Sonne ist, zum Steigen gebracht werden.

262. Ein disjunktiver Syllogismus ist derjenige, welcher aus einer disjunktiven Proposition, aus einer anderen einfachen, welche eines der Glieder der Disjunktion behauptet oder läugnet, und aus der Conclusion besteht.

> Antonius ist entweder ein Franzose oder ein Deutscher;
> Er ist ein Franzose;
> Also ist er kein Deutscher.

Erste Regel.

263. **Es darf kein Mittel zwischen den terminis der Disjunktion geben.**

Die obige Schlußfolge würde nicht richtig sein, wenn Antonius auch ein Spanier oder Engländer sein könnte.

Zweite Regel.

264. Wenn die Conclusion affirmativ ist, so ist zu ihrer Legitimität die Negation aller übrigen

Glieder erforderlich; wenn sie negativ ist, so bedarf sie der Affirmation eines derselben.

> Diese Handlung ist entweder nützlich, oder schädlich oder indifferent;
> Sie ist weder nützlich, noch indifferent;
> Also ist sie schädlich.

Hier wird das eine der Extreme mit Recht bejaht, weil alle übrigen geläugnet werden.

> Diese Handlung ist entweder nützlich, oder schädlich oder indifferent;
> Sie ist nützlich;
> Also ist sie weder schädlich, noch indifferent.

Hier wurde eines der Extreme bejaht, und mithin müssen die anderen geläugnet werden.

265. Ein copulativer Syllogismus ist jener, welcher aus einer negativen copulativen Proposition, aus einer einfachen, und aus der Schlußfolge besteht.

> Der Mensch kann nicht zu gleicher Zeit dem Antrieb seiner Leidenschaften folgen, und tugendhaft sein;
> Tiberius folgt dem Antrieb seiner Leidenschaften;
> Also ist Tiberius nicht tugendhaft.

Erste Regel.

266. **Die Glieder der negativen copulativen Behauptung müssen incompatibel (miteinander unvereinbar) sein.**

Wenn diese Incompatibilität nicht vorhanden ist, so führt der Syllogismus zu nichts. Wenn Jemand beweisen wollte, daß ein Gelehrter nicht tugendhaft ist, eben deßhalb, weil er gelehrt ist, so würde er nichts beweisen, weil zwischen der Gelehrsamkeit und der Tugend keine Incompatibilität vorhanden ist.

Zweite Regel.

267. Aus der Affirmation des einen Gliedes kann die Negation des anderen gefolgert werden.

Wenn er tugendhaft ist, so folgt er nicht dem Antriebe seiner Leidenschaften; und wenn er dem Antriebe seiner Leidenschaften folgt, so ist er nicht tugendhaft.

Dritte Regel.

268. Aus der Negation des einen Gliedes folgt nicht die Affirmation des anderen.

    Ein Mensch kann nicht zu gleicher Zeit Franzose und Russe sein;

    Er ist kein Franzose;

    Also ist er ein Russe.

Der Syllogismus beweist nicht; denn, wenn auch die Eigenschaften, Franzose und Russe zu sein, incompatibel sind; doch kann doch Jemand weder das eine noch das andere sein, sondern z. B. ein Deutscher, ein Neapolitaner u. s. w.

VI. Abschnitt.
Verschiedene Arten der Argumentation.

269. Enthymema heißt ein Syllogismus, in welchem eine der Prämissen verschwiegen wird, weil sie ohne ausgedrückt zu sein, sich von selbst versteht,

    Jedes Metall ist ein Mineral;

    Das Blei ist ein Metall;

    Also ist das Blei ein Mineral.

Dieser gewöhnliche Syllogismus kann in folgende Enthymemas verwandelt werden.

    Jedes Metall ist ein Mineral;

    Also ist das Blei ein Mineral.

    Das Blei ist ein Metall;

    Also ist das Blei ein Mineral.

270. Epikerema ist ein Syllogismus, dessen Prämissen mit Beweisen versehen sind.

> Der Mensch muß sich zur wahren Religion bekennen; weil er sonst Gott, der die Wahrheit selbst ist, nicht wohlgefällig werden kann;
>
> Die katholische Religion ist die wahre; was aus den Wundern, der Erfüllung der Prophezeiungen, und anderen unzweideutigen Merkmalen hervorgeht;
>
> Also muß der Mensch zur katholischen Religion sich bekennen.

271. Dilemma heißt eine Argumentation, die aus einer disjunktiven und zwei conditionalen Behauptungen besteht, welche beide zu derselben Schlußfolge führen.

> Die Welt bekehrte sich zum Christenthum durch Wunder, oder ohne Wunder; wenn das Erstere, so hat das Christenthum die Wunder für sich, und ist also wahr; wenn das Letztere, so wirkte das Christenthum ein großes Wunder dadurch, daß es die Welt ohne Wunder bekehrte; es ist also ebenfalls wahr.
>
> Der Mensch, der seinen Leidenschaften gehorcht, erreicht entweder, was er verlangt, oder nicht;
>
> Wenn er es erreicht, so tritt Ueberdruß ein, und er ist also unglücklich;
>
> Wenn er es nicht erreicht, so ist er unruhig, und eben deßhalb auch unglücklich.

Erste Regel.

272. Es darf kein Mittel zwischen den terminis der Disjunktion geben.

> Der Richter verurtheilt den Schuldigen entweder zum Tode, oder spricht ihn frei;

> Wenn er ihn zum Tode verurtheilt, so ist er
> grausam, und also ungerecht;
> Wenn er ihn freispricht, so erfüllt er das Ge-
> setz nicht, und ist also ebenfalls ungerecht;
> Er ist also in jedem Falle ungerecht.

Das Dilemma beweist nicht; denn zwischen der Todes-
strafe und der Freisprechung liegen noch andere Strafen.

Zweite Regel.

273. Die conditionalen Behauptungen müssen wahr sein.

In dem angeführten Beispiele würde der Syllogismus nicht beweisen, wenn das Verurtheilen zum Tode keine Grausamkeit wäre, oder das Freisprechen dem Gesetze nicht zuwiderliefe.

Dritte Regel.

274. Bei den Dilemmas muß ein sehr häufiger Fehler vermieden werden, welcher darin besteht, daß sie gegen denjenigen, der sie aufstellt, zurückgewendet werden können.

> Der König läßt den Schuldigen zu Grunde
> gehen, oder verzeiht ihm; wenn er ihn zu
> Grunde gehen läßt, so verdient er Tadel,
> weil er unmenschlich handelt; wenn er ihn
> freispricht, verdient er ebenfalls Tadel,
> weil er der Gerechtigkeit nicht ihren Lauf
> läßt; also ist er in jedem Falle tadelns-
> würdig.

Dieses Dilemma kann in folgender Weise zurückgewendet werden:

> Der König läßt entweder den Schuldigen zu
> Grunde gehen, oder verzeiht ihm; wenn er
> ihn zu Grunde gehen läßt, so verdient er
> keinen Tadel, weil er der Gerechtigkeit ihren
> Lauf läßt; wenn er ihm verzeiht, so verdient

er keinen Tadel, weil er in der Ausübung seines Rechtes barmherzig ist; also ist er in keinem Falle tadelnswürdig.

275. Sorites oder Kettenschluß ist eine Reihe von abgekürzten Syllogismen,

Die Barmherzigkeit ist eine Tugend; die Tugend ist Gott wohlgefällig; was Gott wohlgefällig ist, verdient Belohnung; also verdient die Barmherzigkeit Belohnung.

Dies besteht aus folgenden Syllogismen:

Die Barmherzigkeit ist eine Tugend; die Tugend wird belohnt werden; also wird die Barmherzigkeit belohnt werden.

Die propositio minor wird bewiesen:

Was Gott wohlgefällig ist, verdient Belohnung; die Tugend ist Gott wohlgefällig; also wird die Tugend belohnt werden.

276. Induktion ist eine Argumentation, bei welcher, indem alle Theile aufgezählt werden, und man sieht, daß jedem Einzelnen von ihnen ein Prädikat zukommt, man schließt, daß es Allen zukommt.

Die einzige Regel für diese Argumentation besteht darin, daß die Theile richtig aufgezählt werden, und man nicht leichtfertig von einem oder von wenigen auf Alle schließe. Es ist gewöhnlich schwer, alle Theile aufzuzählen; und deßhalb muß man sich vor zu absoluten Behauptungen hüten. Hiervon werden wir unten handeln.

277. Analogie ist die Argumentation nach der Aehnlichkeit; wenn z. B. nach Erforschung der Ursache eines Phänomens geschlossen wird, daß ein anderes ähnliches dieselbe Ursache gehabt haben müsse. Auch hiervon wird weiter unten ausführlicher die Rede sein.

VII. Abschnitt.
Paralogismen und Trugschlüsse.

278. Die fehlerhafte Argumentation heißt Paralogismus, Sophisma oder Trugschluß. Der Name Sophisma oder Trugschluß pflegt der fehlerhaften Argumentation nicht gegeben zu werden, wenn sie in gutem Glauben angewendet wird. Dann nennt man sie Paralogismus; obgleich einige die fehlerhafte Argumentation in Rücksicht auf ihren Inhalt Paralogismus, und diejenige, welche in der Form fehlt, Sophisma oder Trugschluß nennen.

279. Obgleich der Fehler der Argumentation mit Hilfe der Regeln, die wir oben aufgestellt haben, erkannt werden kann, wollen wir doch nach Aristoteles diejenigen Arten flüchtig aufzählen, welche in den Schulen erwähnt werden.

280. Man nennt dreizehn Arten von Trugschlüssen; sechs sind es den Worten, und sieben der Sache nach. Die ersteren werden grammatikalische, die letzteren dialektische genannt.

281. Die Trugschlüsse dem Worte nach sind die folgenden: Aequivocation, Amphibologie, Composition, Division, Accent, und Redefigur. Einige derselben sind sonderbar und lächerlich.

Aequivocation: die Freude ist süß; also ist sie dem Gaumen angenehm.

Amphibologie: Wer sein Geld an dieses Geschäft setzt, begeht eine Narrheit; also muß man ihn in's Narrenhaus sperren.

Composition oder Uebergang a sensu diviso ad sensum compositum: Wer sitzt, kann auf den Füßen stehen; also kann man zu gleicher Zeit sitzen und stehen.

Division oder Uebergang a sensu composito ad sensum divisum: Das Weiße kann nicht roth sein; also kann das Papier nicht roth gefärbt werden.

Accent. Diese Art findet statt, wenn dasselbe Wort je nach dem Accent, der darauf gelegt wird, eine verschiedene Bedeutung hat, und es in der Schlußfolge in einem anderen Sinne, als in den Prämissen, genommen wird.

Redefigur. Die Existenz des Mars ist eine fabelhafte; also existirt der Planet Mars nicht.

282. Die Trugschlüsse der Sache nach sind die folgenden: de accidente; Uebergang von dem simpliciter Gesagten zum secundum quid Gesagten, oder vom secundum quid Gesagten zum simpliciter Gesagten; Ignoratio elenchi; de consequente; petitio principii; de non causa ut causa; Behandlung einer zusammengesetzten Frage, als wenn sie einfach wäre.

283. De accidente: Einige Gelehrte waren lasterhaft; also ist die Wissenschaft schädlich. Die Wissenschaft wird hier verdammt wegen eines accidens derselben.

284. Uebergang vom simpliciter Gesagten zum secundum quid Gesagten, und umgekehrt:*) Er spricht nicht die Wahrheit, also lügt er. Dies beweist nicht; denn es kann Jemand in gutem Glauben eine Unwahrheit sagen.

Wir kennen die Ursache der Erdwärme nicht; also wissen wir nicht, daß sie existirt. Dies beweist ebenfalls nicht, aus der zweiten Ursache.

285. Ignoratio elenchi findet statt, wenn man nicht bei der Frage bleibt. Der Mensch kann nicht denken ohne Blut; also denkt das Blut. Das Subjekt des Gedankens suchen, ist etwas anderes, als eine nothwendige Bedingung zum Leben, und deßhalb zum Denken suchen.

---

*) Zum Verständniß der scholastischen termini: simpliciter und secundum quid sei hier bemerkt für Solche, denen diese Ausdrücke nicht geläufig sind, daß das erstere (simpliciter) unserem deutschen schlechtweg, das letztere (secundum quid) unserem: in gewisser Hinsicht entspricht.   Anm. d. Uebers.

285. De consequente. Dieser Trugschluß findet statt, wenn gegen das in n. 260 Gesagte gefehlt wird. Wenn er weise ist, so ist er arbeitsam; er ist arbeitsam; folglich ist er weise.

287. Petitio principii. Sie findet statt, wenn dasselbe, was bewiesen werden soll, vorausgesetzt wird. Der Rauch steigt in die Höhe, weil er keine Schwere besitzt, da er zur Klasse der Imponderabilien gehört. Gerade dies letzte soll bewiesen werden, und gleichwohl wird es als Beweis angeführt. Dieser Trugschluß heißt auch circulus vitiosus.

288. De non causa ut causa: Der Kranke befindet sich schlechter; also hat ihm die Medicin geschadet. Die Verschlechterung des Kranken kann auch andere Ursachen haben.

289. Behandlung einer zusammengesetzten Frage wie eine einfache: Sind die Mexikaner, die Brasilianer, die Spanier und die Franzosen Europäer? Ja. Sind also die Mexikaner Europäer? Nein. Also sind die Franzosen keine Europäer.

VIII. Abschnitt.

Zurückführung aller Regeln des Schließens auf eine einzige.

290. Es ist gesagt worden (235), daß alles Schließen in der Darlegung besteht, daß ein Urtheil in einem anderen enthalten sei; ich will diese Bemerkung noch deutlicher entwickeln, welche, wohl verstanden, hinreicht, um zu erkennen, ob irgend ein Schluß, von welcher Art er auch sei, legitim sei oder nicht, ohne daß man nöthig hätte, die speciellen Regeln sich zu merken.

291. Die legitime Schlußfolge muß in den Prämissen behauptet sein; sie ziehen, heißt, dasjenige, was implicite vorhanden war, explicite hinstellen. Das Medium ist nichts an-

deres, als das, was wir anwenden, um die Prämissen zu entwickeln und zu zeigen, daß in einer von ihnen die Schlußfolge enthalten sei. Hieraus folgt, daß jeder Schluß sich auf das Princip des Widerspruches gründet, und daß jede Schlußfolge, um legitim zu sein, so beschaffen sein muß, daß bei ihrer Nichtannahme man eine und dieselbe Sache zu gleicher Zeit behaupten und läugnen müßte.

292. Das Sophisma ist eine Argumentation, bei welcher eine illegitime Schlußfolge unter dem Scheine der Legitimität gezogen wird. Bei jedem Sophisma wird vorgegeben, daß eine Behauptung in einer anderen enthalten sei, die in Wirklichkeit nicht in ihr enthalten ist. Das Geheimniß, aus den Sophismen sich herauszuwinden, besteht darin, auf ihren Ursprung zurückzugehen, und mit Aufmerksamkeit den wahren Sinn der Behauptung, auf die sich das Sophisma stützt, zu untersuchen.

293. Wenn man diese Bemerkungen im Geiste gegenwärtig behält, so kann man sofort entscheiden, ob eine Form der Argumentation legitim oder sophistisch ist. In der Dialektik werden viele Regeln für solche Fälle gegeben; ich läugne nicht, daß sie sehr nützlich sind, und durch die ausführliche Auseinandersetzung derselben, welche ich gegeben, habe ich den Beweis geliefert, daß ich weit davon entfernt bin, sie zu verachten; aber ich kann auch nicht umhin, zu bemerken, daß es sehr schwierig ist, sie im Gedächtniß zu behalten, und daß, auch wenn man sich an dieselben erinnert, wenn nach dem Grunde derselben gefragt wird, man sie auf das eben entwickelte Princip stützen muß. Wenden wir dies auf den einfachen Syllogismus an.

294. Das Grundprincip der einfachen Syllogismen ist folgendes: **Was mit einem dritten identisch ist, ist unter sich identisch.** Quae sunt eadem uni tertio, sunt idem inter se. Dieses Princip reducirt sich seinerseits wieder auf das des Widerspruches. Wenn $A = C$ und $B = C$, so ist $A = B$. Angenommen, daß $A = C$, so ist es klar, daß, wenn

ich sage, B ist C, ich auch sage, A ist B; und wenn ich es läugne, so falle ich in Widerspruch, indem ich eine und dieselbe Sache zu gleicher Zeit läugne und behaupte.

295. So können also alle Regeln des Syllogismus auf die eine zurückgeführt werden: Dieselben Extreme müssen mit demselben Medium verglichen werden. Und umgekehrt reduciren sich alle Fehler der Syllogismen auf den einen: daß die Extreme oder das Medium verändert werden, obgleich dasselbe Wort, das sie bezeichnet, beibehalten wird.

296. Jeder Körper ist schwer; die Luft ist ein Körper: also ist die Luft schwer. Die Schlußfolge ist legitim; denn da ich behauptet habe, daß jeder Körper schwer ist, so habe ich es auch von der Luft behauptet, wenn diese ein Körper ist; die Schlußfolge war also schon in der major enthalten, und es war nur nöthig, daß die minor es zu erkennen gebe, indem sie ausspricht, daß die Luft ein Körper, d. h. eines von den Dingen ist, von denen ich die Schwere behauptet habe.

297. Diese Art von Syllogismen gründet sich auf das Princip: was von Allen behauptet wird, muß auch von jedem Einzelnen behauptet werden. Die Anwendung des Principes des Widerspruches ist klar in diesem Falle; denn wenn ich Alle in distributivem Sinne sage, so habe ich auch schon Jedes Einzelne gesagt. Wenn ich ein Prädikat von allen Körpern behaupte, und es dann von einem Körper läugne, so behaupte ich es von Allen und nicht Allen, d. h. ich widerspreche mir selbst.

298. Irgend ein Körper ist eine Pflanze; das Metall ist ein Körper; also ist das Metall eine Pflanze. Der Syllogismus beweist nicht; weil bei der Behauptung, daß irgend ein Körper eine Pflanze ist, die Affirmation sich nur auf gewisse Körper bezieht; und wenn in der minor behauptet wird, daß das Metall ein Körper sei, so beziehe ich mich auf Körper, die von denen, von welchen in der major die Rede ist, verschieden sind; es findet also keine

Vergleichung der zwei Extreme mit einem und demselben Medium statt, und ich widerspreche mir daher auch nicht, wenn ich läugne, daß sie unter sich identisch sind. Der Fehler dieses Syllogismus ist durch die Regel bezeichnet: aus zwei partikulären Behauptungen folgt nichts.

299. Jede Fichte ist Holz; jede Tanne ist Holz: also ist jede Tanne Fichte. Der Syllogismus beweist nicht; weil in der major der terminus medius eine gewisse Klasse von Holz, und in der minor eine andere verschiedene bezeichnet. Der Fehler dieses Syllogismus ist ausgedrückt durch die Regel: in einer der Prämissen muß der terminus medius distributiv genommen werden. Der Grund davon ist, weil man nur dadurch erreicht, daß die Vergleichung mit einem und demselben Medium angestellt wird; denn da in einer der Prämissen von Allen gesprochen wird, so wird, wenn in der anderen von Einem gesprochen wird, auch von Demselben gesprochen, von dem man in der vorigen sprach.

300. Diese Bemerkungen lassen sich leicht auf alle Formen der Argumentation ausdehnen, und es wird gut sein, daß die Schüler sich darin üben; denn auf diese Weise werden sie sich gewöhnen, zwischen den legitimen und sophistischen Schlüssen zu unterscheiden, und durch Vereinfachung der Regeln der richtigen Argumentation werden sie dieselben ohne Schwierigkeit im Gedächtniß behalten.

Drittes Buch.
Die Methode.

I. Kapitel.
Die Kriterien.

301. Methode ist die Ordnung, die wir beobachten, um den Irrthum zu vermeiden, und die Wahrheit zu finden.

Zuweilen versteht man unter der Methode die Verbindung der Mittel, welche wir anwenden, um jene Zwecke zu erreichen.

Von beiden Dingen werden wir in diesem Buche reden.

302. Die Quellen, aus denen für uns die Erkenntniß der Wahrheit fließt, nennt man Kriterien, und es ist klar, daß, wenn wir sie nicht kennen, es uns unmöglich sein wird, bei der Erforschung der Wahrheit in guter Ordnung zu Werke zu gehen. Bevor wir also Regeln für die richtige Methode geben können, ist es nöthig, zu erklären, worin die verschiedenen Kriterien bestehen.

Im Allgemeinen versteht man unter Kriterium ein Mittel, um die Wahrheit zu erkennen. Solche Mittel finden wir theils in uns selbst, wie das Bewußtsein, die Evidenz, den gesunden Sinn, und die Anwendung der äußeren Sinne; theils außer uns, wie die Autorität.

Wir werden weiter unten erklären, daß das Kriterium der äußeren Sinne auf das des Bewußtseins und des gesunden Sinnes sich zurückführen läßt; oder vielmehr, daß es aus der

Combination dieser sich bildet, und daß das Kriterium der Autorität aus dem des Bewußtseins, des gesunden Sinnes, der Evidenz und der äußeren Sinne zusammengesetzt ist, indem zwei oder mehrere dieser Kriterien in verschiedener Weise, je nach den Gegenständen, um die es sich handelt, combinirt werden.

I. Abschnitt.
Kriterium des Bewußtseins oder des inneren Sinnes.

303. Das Bewußtsein, oder der innere Sinn, ist die innere Gegenwart unserer eigenen Affektionen. Fühlen, sich vorstellen, denken, wollen, sind Affektionen unserer Seele, welche nicht einmal begriffen werden können, ohne die innere Gegenwart derselben. Was wäre das Fühlen, wenn wir die Sensation nicht erführen? Was wäre das Denken, wenn wir den Gedanken nicht innerlich erführen? Was wäre das Wollen, wenn wir den Akt des Willens nicht erführen? Das Gefühl, die Vorstellungen, der Gedanke, der Wille, Alles verschwindet, ohne diese innere Gegenwart; denn alles löst sich dann in Worte auf, die entweder nichts bedeuten, oder widersprechende Dinge ausdrücken (Vergl. Fundamente der Philosophie 1. Buch Kap. 23).

304. Das innere Bewußtsein ist von zweifacher Art: das direkte und das reflexe. Das direkte ist die einfache Gegenwart der inneren Affektion; das reflexe der intellektuelle Akt, der auf diese Gegenwart sich richtet. Ich fühle einen Schmerz, ohne ausdrücklich daran zu denken, daß ich diesen Schmerz fühle; die innere Gegenwart der schmerzhaften Affektion ist das direkte Bewußtsein; wenn ich aber über diese Sensation nachdenke, so ist der intellektuelle Akt, der sich durch die Worte: „ich erkenne, daß ich leide," ausdrücken ließe, das reflexe Bewußtsein.

305. Das direkte Bewußtsein begleitet jede innere Affektion; denn ohne dasselbe ist weder die Sensibilität, noch die Erkenntniß, noch der Wille denkbar.

Das reflexe Bewußtsein ist ein rein intellektueller Akt, ganz unabhängig von den Objekten, auf die er sich bezieht, der sie beßhalb auch nicht begleiten kann.

306. Einige glauben, daß es innere intellektuelle Affektionen gebe, von denen wir kein Bewußtsein haben. Wenn man von dem reflexen Bewußtsein spricht, so ist es gewiß, daß es eine Menge von Affectionen gibt, die wir nicht ausdrücklich bemerken; wenn es sich jedoch um das direkte Bewußtsein handelt, so würde jene Behauptung einen Widerspruch enthalten.

307. Das Kriterium des Bewußtseins ist ganz unfehlbar, wenn es sich auf sein eigenthümliches Objekt beschränkt. Dieses Objekt ist dasjenige, was in unserem Inneren vorgeht. Wenn ich einen Schmerz empfinde, der dem ähnlich ist, welchen ein Nadelstich hervorbringt, so kann ich mich darin nicht täuschen, daß das Bewußtsein mir sagt, daß ich diesen Schmerz empfinde. Wenn das Bewußtsein es mir sagt, so empfinde ich ihn auch; ihn empfinden, ihn erfahren, Bewußtsein davon haben, in meinem Geiste ihn gegenwärtig finden: alles dies ist identisch; das eine behaupten und das andere läugnen, wäre ein Widerspruch.

308. Die Irrthümer des Kriteriums des Bewußtseins entstehen daraus, daß wir von der inneren Affektion zu ihren Ursachen übergehen, oder zu Umständen, welche nicht unter der Jurisdiktion desselben stehen. Ich täusche mich nicht, und kann mich nicht täuschen, wenn ich bei dem Gefühl eines Schmerzes, der einem Nadelstich gleicht, behaupte, daß ich ihn erfahre; wenn ich aber, außerdem, daß ich sage, ich erfahre diesen Schmerz, auch noch behaupte, daß man mich sticht, so kann ich mich irren; denn ich dehne das Kriterium des Bewußtseins auf die Ursache des Schmerzes aus, welche meinem Geiste nicht, wie dieser, gegenwärtig ist.

309. Eine Person erfährt einen Antrieb zu einem Glauben, oder zu einer Handlung; innerlich scheint es ihr, als höre sie eine Stimme, welche ihr eine Lehre gibt, oder ihr einen Weg andeutet; sie täuscht sich nicht, und kann sich nicht

täuschen in dem, was das innere Phänomen betrifft, wenn sie sich nur darauf beschränkt zu sagen: „in meinem Inneren erfahre ich dies;" das Kriterium ihres Bewußtseins ist infallibel. Wenn sie jedoch, sich stützend auf dieses Bewußtsein, sagte: „Gott flößt mir dies ein," so geht sie vom Phänomen auf die Ursache über, und kann in Irrthum fallen. Hier liegt die Quelle der Extravaganz und des Fanatismus der Sekten, welche das Princip der Autorität aufgaben, um sich allein auf den Privatgeist zu stützen.

Die ganze Lehre von dem Kriterium des Bewußtseins läßt sich in folgende Regeln zusammenfassen:

1.

310. **Das Kriterium des Bewußtseins ist unfehlbar, wenn es sich auf dasjenige bezieht, was in unserem Inneren vorgeht.**

2.

311. **Das Kriterium des Bewußtseins ist fehlbar, wenn es über die Gränzen dessen hinausgeht, was in unserem Inneren vorgeht, und sich auf die Ursachen, die Folgen, und auf andere Umstände des inneren Phänomens erstreckt.**

II. Abschnitt.

Kriterium der Evidenz.

312. Die Evidenz pflegt definirt zu werden als das innere Licht, durch welches wir die Ideen in voller Klarheit sehen. Diese Definition hat das Unbequeme, aus metaphorischen Ausdrücken zusammengesetzt zu sein, welche ihrerseits wieder der Erklärung bedürfen. Wir werden uns also mit ihr nicht begnügen können, sondern diesen wichtigen Gegenstand einer gründlicheren Prüfung unterwerfen müssen.

313. Es ist evident, daß drei und zwei fünf sind. Warum? Weil, wenn wir analysiren, was wir unter fünf verstehen, wir

sehen, daß in dieser Idee drei und zwei enthalten sind, und daß der Begriff fünf nichts anderes ist, als die Vereinigung dieser Zahlen. Es ist evident, daß drei und zwei nicht sechs ausmachen. Warum? Weil, wenn wir analysiren, was wir unter sechs verstehen, wir sehen, daß diese Zahl aus drei und zwei und eins besteht, und daher drei und zwei den Begriff sechs nicht vollständig machen. Es ist evident, daß alle Radien eines Kreises gleich sind. Warum? Weil, wenn wir untersuchen was wir unter einem Kreise verstehen, wir sehen, daß bei seiner Construktion die Gleichheit des Radius vorausgesetzt wird; denn hierunter versteht man eben die Linie, durch deren Umdrehung um einen festen Punkt der Kreis entsteht. Es ist evident, daß der Durchmesser größer ist, als der Radius. Warum? Weil, wenn wir prüfen, was wir unter Durchmesser verstehen, wir sehen, daß dieser aus zwei Radien besteht, von denen der eine die Fortsetzung des anderen ist.

314. Die Evidenz muß also definirt werden, als die Wahrnehmung der Identität oder des Widerspruches zweier Ideen.

315. Genau gesprochen, ist die Evidenz derjenige Akt, durch den wir in unseren Ideen dasjenige wiederfinden, was wir hineingelegt haben, oder dasjenige läugnen, was wir in ihnen schon geläugnet haben; es ist eine Art von Rechnungslage oder Decharge, durch welche der Verstand die Ausgaben mit den Einnahmen ausgleicht; was nicht eingenommen worden, kann nicht ausgegeben werden, und was ausgegeben ist, kann nicht mehr vorhanden sein. Jede Evidenz gründet sich auf das Princip des Widerspruches. Der Verstand hat nur dann Evidenz, wenn er einen Conflikt zwischen der Affirmation und der Negation bemerkt; er bejaht mit Evidenz, wenn er nicht läugnen kann, ohne seine eigene Behauptung aufzugeben; er läugnet mit Evidenz, wenn er nicht behaupten kann, ohne seine eigene Negation aufzugeben.

316. Die Evidenz kann unmittelbar oder mittelbar sein. Unmittelbare Evidenz ist vorhanden, wenn wir sofort die Identität oder Repugnanz der zwei Ideen bemerken, ohne

irgend eine Reflexion nöthig zu haben, durch das bloße Verständniß der Bedeutung der Worte. Mittelbare Evidenz ist vorhanden, wenn wir, um diese Identität oder Repugnanz zu bemerken, nöthig haben, über die Ideen zu reflektiren, indem wir sie unter verschiedenen Gesichtspunkten betrachten, und mit anderen vergleichen.

Wenn man von einem kreisförmigen Triangel spricht, so sehen wir sofort das Absurde, ohne der Reflexion zu bedürfen; weil die einfache Idee des Triangels die des Kreises ausschließt. Dies ist evident mit unmittelbarer Evidenz, und zwar für alle, auch die in den Grundsätzen der Geometrie unwissendsten Menschen. Wer jedoch die Elemente dieser Wissenschaft nicht kennt, ein solcher könnte wohl glauben, daß es nicht absurd sei, einen Triangel sich zu denken, dessen Winkel zusammen größer seien als zwei Rechte. Dies ist unmöglich, ist ein Widerspruch; aber der Widerspruch zeigt sich nicht auf den ersten Blick, wenn man auch weiß, was ein Triangel, was ein Winkel und was zwei Rechte sind. Hier ist also keine unmittelbare Evidenz vorhanden. Wenn aber die entsprechende Figur gezeichnet wird, und man die Mittel kennt, um die Winkel zu vergleichen; so zeigt es sich, daß die Summe der Winkel eines Triangels immer gleich zwei Rechten ist, und daß man das Gegentheil nicht behaupten kann, ohne sich selbst zu widersprechen. Hier ist also mittelbare Evidenz vorhanden.

317. Der Probirstein der wahren Evidenz ist das Princip des Widerspruches, und die Täuschungen, welche wir uns mit diesem Kriterium bereiten, rühren nur daher, daß wir jenes Princip schlecht anwenden. Wenn es sich um unmittelbare Evidenz handelt, ist es schwer sich zu täuschen; wenn wir aber, um die Identität oder die Repugnanz zu sehen, verschiedene Ideen durch Schließen mit einander vergleichen müssen, so glauben wir oft, es sei Widerspruch vorhanden, wo er nicht besteht, oder er bestehe nicht, wo er in Wirklichkeit vorhanden ist. Die Gefahr uns zu irren, ist um so größer, je länger der Faden des Beweises ist; in diesen Fällen scheint es uns oft,

dieser Faden laufe noch fort, wenn wir ihn, vielleicht schon an vielen Orten, zerrissen haben.

Erste Regel.

318. Um sich zu überzeugen, daß wirklich unmittelbare Evidenz vorhanden, ist es nothwendig, daß man mit aller Klarheit und auf den ersten Blick sieht, daß das Urtheil mit dem Princip des Widerspruches verknüpft ist, d. h. daß, wenn die Behauptung affirmativ ist, sie nicht geläugnet, oder wenn sie negativ ist, nicht bejaht werden kann, ohne gegen dieses Princip zu verstoßen.

Zweite Regel.

319. Wenn keine unmittelbare Evidenz vorhanden ist, wird es nöthig, mit der größten Scrupulosität die Glieder der Kette des Schlußes zu verfolgen, und nie weiter zu gehen, wenn nicht der Uebergang durch das Princip des Widerspruches gerechtfertigt ist. (Vergl. Fundamente der Philosophie 1. Buch Cap. 15 und 24.)

III. Abschnitt.
Kriterium des allgemeinen gesunden Sinnes.

320. Das Kriterium des allgemeinen gesunden Sinnes, den man auch geistigen Instinkt nennen kann, ist die natürliche Hinneigung, gewissen Behauptungen seine Zustimmung zu geben, welche weder evident sind, noch auf das Zeugniß des unmittelbaren Bewußtseins sich stützen. Man kann leicht viele Beispiele finden, wo wir diesen unwiderstehlichen Instinkt erfahren.

Alle Menschen sind davon überzeugt, daß es eine äußere Welt gibt, und dennoch tragen sie diese Welt weder in ihrem Bewußtsein; denn dieses beschränkt sich auf rein innere Phänomene; noch erkennen sie diese Wahrheit mit Evidenz; denn, wenn auch die Möglichkeit eines wahren Beweises vorausgesetzt wird, so würden doch Viele nicht im Stande sein, ihn zu fassen, und die immense Majorität hat nie gedacht und wird nie denken an dergleichen Beweise.

Die ganze Menschheit erkennt die moralischen Wahrheiten, und richtet ihr Leben darnach ein, oder erkennt wenigstens, daß sie es darnach einrichten soll; diese Wahrheiten sind aber weder rein innere Phänomene, da sie die Beziehungen des Menschen zu sich selbst, zu seinen Nebenmenschen und zu Gott umfassen; noch sind sie durch Beweise erkannt, da die immense Majorität der Menschen an die moralischen Theorien nicht denkt, auch wenn sie mit der Moral sich beschäftigt.

Niemand wird glauben, daß derjenige, welcher alle seine Handlungen vom Zufall abhängig macht, stets das erreichen wird, was er will; daß, wer ohne zu zielen, ein Gewehr abschießt, stets den Vogel treffen wird, den er treffen will; daß, wer ohne zu achten, wohin er geht, stets an den rechten Ort gelangen werde; daß, wer die Hand in eine Urne steckt, worin tausend Loose enthalten sind, immer dasjenige herausziehen werde, welches er wünscht; daß, wer mit der Feder zufällig spielt, stets schreiben werde, was er zu schreiben beabsichtigt. Die Gewißheit, daß diese Sonderbarkeiten nicht eintreffen werden, stützt sich weder auf das Zeugniß des Bewußtseins, weil es klar ist, daß es sich hier nicht um innere Phänomene handelt, noch auf das der Evidenz, weil man die Verwirklichung solcher Dinge annehmen könnte, ohne gegen das Princip des Widerspruches zu verstoßen.

321. Die angeführten Beispiele zeigen, daß in uns ein geistiger Instinkt vorhanden, welcher uns auf unwiderstehliche Weise antreibt, gewissen Wahrheiten unsere Zustimmung zu geben, die weder durch das Bewußtsein, noch durch die Evidenz bezeugt werden. Diesen Instinkt nenne ich Kriterium des allgemeinen gesunden Sinnes; man könnte ihn auch intellektuellen Instinkt nennen. Ich gebe ihm den Namen Sinn, weil dieser Antrieb etwas zu haben scheint, was einem Gefühle ähnlich ist, und ich nenne ihn allgemeinen

Sinn, weil er allen Menschen gemeinschaftlich ist. Diejenigen, welche sich mit diesem allgemeinen Instinkte in Widerspruch setzen, welche des gesunden Sinnes entbehren, werden als abenteuerliche Ausnahmen im Gebiete des Verstandes betrachtet.

322. Das Kriterium der Sinne besteht, wenn es analysirt wird, aus zwei Elementen: aus dem Zeugniß des inneren Bewußtseins, und aus dem geistigen Instinkt. Durch das erstere vergewissern wir uns der Gegenwart der inneren Phänomene, der Sensation an und für sich betrachtet, insofern sie eine rein subjektive Thatsache ist; durch das zweite schreiben wir dem Objekte der Sensationen eine Realität zu, gehen von dem inneren Phänomen zur äußern Welt über, indem wir uns wenig darum kümmern, ob wir diesen Uebergang auf einer soliden Brücke, oder mittelst eines Sprunges durch die Luft machen.

323. Das Kriterium der Evidenz gründet sich gleichfalls auf das Zeugniß des inneren Bewußtseins in Verbindung mit dem geistigen Instinkt; wir glauben nicht bloß, daß die Sachen uns so zu sein scheinen, sondern auch, daß sie so sind, wie sie uns scheinen. Es scheint uns, daß ein Kreis kein Dreieck sein könne; aber wir beschränken uns nicht auf die Behauptung dieses Scheines, sondern behaupten, daß in Wirklichkeit, abgesehen von allem inneren Scheine, ein Kreis kein Triangel sein kann. Es scheint uns, daß eine Sache nicht zu gleicher Zeit sein und nicht sein kann; aber unsere Zustimmung beschränkt sich nicht auf die Thatsache des uns so Scheinens, sie dehnt sich auf die Sache selbst aus, und wir sind gewiß, daß in Wirklichkeit, abgesehen von unserem Verstande, es niemals wahr sein werde, daß eine Sache zu gleicher Zeit sei, und nicht sei, weil es nicht so sein kann. Das Zeugniß des Bewußtseins beschränkt sich jedoch auf das Scheinen; warum gehen wir also von dem Scheinen zur Wirklichkeit über? warum legen wir unseren Ideen einen objektiven Werth bei? warum betrachten wir sie nicht als bloß subjektive Thatsachen, mit denen die Sachen übereinstimmen und auch nicht übereinstimmen können? Dies geschieht durch den geistigen Instinkt, durch jenen un-

widerstehlichen Antrieb, von dem wir keinen Grund angeben können, weder des Bewußtseins, noch der Evidenz, noch irgend einen anderer Art, wenn wir auch bis ins Unendliche fortschreiten wollten. So scheint es mir; so ist es; und es kann nicht anders sein; warum? aus welchem Grunde? und worauf stützt sich dieser Grund? Wiederum auf einen Schein. So kommen wir also immer auf unser Inneres zurück, auf eine rein subjektive Thatsache, ohne daß wir ein anderes Recht anführen könnten, das uns autorisirt diesen Uebergang vom Subjekt zum Objekt zu machen, außer den, daß wir uns dazu durch die Natur gezwungen sehen. (Siehe Fundamente der Philosophie 1. Buch Cap. 25.)

324. Das Kriterium, welches Autorität genannt wird, bildet sich durch Combination der bereits erklärten Kriterien. Wir hören die Erzählung eines Vorganges, dem wir nicht beigewohnt haben, und schenken dem Erzähler Glauben. Hierzu ist erforderlich: 1) Seine Worte zu hören; hier findet das Kriterium der Sinne Anwendung; 2) zu erkennen, daß er sich und uns nicht täuscht; und dies werden wir entweder durch Schließen folgern, in welchem Falle uns entweder die Evidenz oder die Probabilität dienen wird; oder wir werden es instinktmäßig glauben, und dem gesunden Sinne gehorchen.

325. Aus dem Gesagten folgt, daß das Kriterium der menschlichen Autorität uns in verschiedener Weise in Irrthum führen könne; denn, um uns zu täuschen, genügt es, daß die gute Anwendung einer der erwähnten Kriterien fehlt; wir können uns irren, indem wir falsch hören oder lesen, und wir können getäuscht werden durch den Irrthum oder die böse Absicht dessen, der zu uns spricht.

Der allgemeine gesunde Sinn muß, um unfehlbar zu sein, folgende Bedingungen in sich vereinigen:

1.

326. Die Hinneigung zur Zustimmung muß in jeder Hinsicht unwiderstehlich sein, so daß der Mensch

auch durch Reflexion sich von ihr nicht losmachen kann.

2.

327. Jede Wahrheit des allgemeinen gesunden Sinnes ist absolut gewiß für das ganze Menschengeschlecht.

3.

328. Jede Wahrheit des allgemeinen gesunden Sinnes kann die Prüfung der Vernunft aushalten.

4.

329. Jede Wahrheit des allgemeinen gesunden Sinnes hat zum Objekt die Befriedigung irgend eines großen Bedürfnisses des sensitiven, intellektuellen, oder moralischen Lebens.

330. Wenn diese Charaktere alle vereinigt sind, ist das Kriterium des allgemeinen gesunden Sinnes absolut infallibel, und man kann die Skeptiker herausfordern, ein Beispiel anzuführen, wo es geirrt hätte. Je mehrere dieser Bedingungen sich vereinigen, um so gewisser ist das Kriterium des gesunden Sinnes, indem nach ihnen die Grade seines Werthes gemessen werden müssen. (Vergl. Fundamente der Philosophie 1. B. 32. K.)

II. Kapitel.

Wie wir uns zu verhalten haben in den verschiedenen Fragen, die sich unserem Geiste darbieten können.

I. Abschnitt.

Allgemeine Klassifikation der Fragen.

331. Die Akte unseres Geistes theilen sich in speculative und praktische. Die speculativen beschränken sich auf das Erkennen; die praktischen leiten uns zum Handeln an.

332. Bei der einfachen Erkenntniß einer Sache, können sich uns brei Fragen barbieten: 1) ob sie möglich sei oder nicht; 2) ob sie wirklich sei oder nicht; 3) welches ihre Natur, ihre Eigenschaften und Beziehungen seien.

333. Bei der Praxis setzen wir uns stets irgend einen Zweck, und es entstehen die beiden Fragen: 1) Welches dieser Zweck sei und sein solle; und 2) welches das beste Mittel sei, ihn zu erreichen.

II. Abschnitt.
Fragen nach der Möglichkeit.

334. Die Unmöglichkeit, wie die Möglichkeit kann sein: metaphysische, physische, gewöhnliche und Möglichkeit des allgemeinen Sinnes. Jede dieser Arten gibt zu wichtigen Betrachtungen Veranlassung.

§. 1.
Metaphysische oder absolute Unmöglichkeit.

335. Die metaphysische oder absolute Unmöglichkeit ist jene, welche auf das Princip des Widerspruches sich gründet, oder mit anderen Worten, welche die Absurdität mit sich bringt, daß eine Sache zu gleicher Zeit sei, und nicht sei. Zwei und zwei gleich drei, ungleiche Durchmesser desselben Kreises, tadelnswerthe Tugend, lobenswerthes Laster, sind absolute Unmöglichkeiten; denn es würde folgen, daß drei zu gleicher Zeit drei und nicht drei wäre, daß der Kreis Kreis und nicht Kreis, die Tugend und das Laster Laster und Tugend zu gleicher Zeit wären.

Um über die metaphysische Unmöglichkeit zu urtheilen, beobachte man folgende Regeln:

1.

336. Absolute Unmöglichkeit ist vorhanden, wenn die Idee einer Sache evident die der anderen ausschließt.

Diese Evidenz ist das Licht, mit dem wir selbst über die ersten Principe urtheilen. Wir wissen, daß es unmöglich ist, daß eine Sache zu gleicher Zeit sei, und nicht sei; daß das Ganze kleiner als der Theil; daß die Radien desselben Kreises ungleich; weil wir das mit aller Evidenz sehen bei der bloßen Betrachtung der Ideen.

2.

337. Wenn dieser Widerspruch nicht vorhanden ist, so ist die Sache absolut möglich.

Die absolute oder metaphysische Möglichkeit ist nichts mehr, als die einfache Abwesenheit des Widerspruches. Es gibt also keine Mitte zwischen dem Unmöglichen und dem Möglichen; durch die bloße Thatsache, daß etwas keinen Widerspruch in sich schließt, ist es schon absolut möglich.

3.

338. Wenn wir auf den ersten Blick nicht entdecken, ob sich zwei Ideen widersprechen, so ist es nöthig sie mit anderen zu vergleichen, welche uns aufklären können.

Folgende Behauptung: Die drei Winkel eines Triangels sind größer als zwei Rechte, schließt einen Widerspruch in sich; aber der Widerspruch zeigt sich demjenigen nicht, der mit den Elementen der Geometrie unbekannt ist. Was man in diesem Falle zu thun hat, ist, die beiden Ideen, die Summe der drei Winkel und die zwei rechten Winkel, mit der Natur des Triangels selbst zu vergleichen, wodurch der Widerspruch klar wird.

4.

339. Das metaphysisch Unmögliche ist in jeder Hinsicht unmöglich, und keine Macht ist im Stande, es zu verwirklichen.

Drei und zwei werden nie sieben sein; die Gotteslästerung wird nie eine tugendhafte Handlung sein. Wenn man sagt, daß Gott Alles kann, so versteht man darunter nicht, daß er dergleichen Absurditäten bewirken könne; denn hieraus würde consequent auch folgen, daß er sündigen, daß er sich selbst vernichten könne.

5.

340. Um eine absolute Unmöglichkeit zu behaupten, ist es nöthig, sehr klare und bestimmte Ideen der Extreme zu haben, welche verglichen werden.

Alle Argumente, durch die man zu beweisen sucht, daß in den Geheimnissen der Religion Widersprüche enthalten sind, fehlen gegen diese Regel; man gibt vor, Widersprüche in Dingen zu entdecken, von denen man nur sehr dunkle Ideen hat.

6.

341. Wenn der Widerspruch evident ist, so besitzen wir ein sicheres Kriterium, um die Wirklichkeit des Behaupteten unter allen Bedingungen zu läugnen.

Hier verwirklicht sich ohne irgend eine Ausnahme das Princip, daß, wenn die Potenz geläugnet ist, auch der Akt geläugnet wird; denn was absolut unmöglich ist, existirt niemals; niemals wird ein Kreis dreieckig, niemals wird die Tugend tadelnswerth sein.

§. 2.
Physische oder natürliche Unmöglichkeit.

342. Die physische oder natürliche Unmöglichkeit ist der Widerspruch zwischen einer Thatsache und den Gesetzen der Natur. Es ist keine absolute Unmöglichkeit vorhanden, daß ein Körper nach Oben gravitire, aber wohl physische; weil dies den Gesetzen der Schwere widerspricht. Um in dieser Materie richtig zu urtheilen, beobachte man die folgenden Regeln:

1.

343. Man vermeide es, mit zu großer Schnelligkeit zu entscheiden, ob eine Thatsache den Gesetzen der Natur zuwider sei, oder nicht.

Wenn man vor drei Jahrhunderten behauptet hätte, es gäbe ein Land, wo die Menschen ohne Pferde oder andere Zugthiere sieben bis zehn Stunden in einer Stunde zurücklegen, so wären viele der Meinung gewesen, daß dies physisch unmöglich sei; und gleichwohl sehen wir dies dem Anscheine nach so vernünftige Urtheil durch die Eisenbahnen widerlegt, welche heut zu Tage Europa und Amerika durchkreuzen. Wer hätte nicht gesagt, es sei physisch unmöglich, daß zwei Personen, die viele Meilen von einander entfernt sind, sich mit einander unterhalten, und dazu nur wenige Sekunden brauchen würden? Und gleichwohl sehen wir dies verwirklicht durch die elektrischen Telegraphen. Die civilisirte Welt ist jetzt voll von Dingen, die man früher für physisch unmöglich gehalten hätte.

2.

344. Um zu entdecken, ob in einer Sache physische Unmöglichkeit vorhanden sei, muß man auf die angewendeten Ursachen, und die übrigen Umstände, welche sie umgeben, achten.

In den Jahrhunderten der Unwissenheit selbst würde das Phänomen der Eisenbahnen demjenigen nicht unmöglich erschienen sein, der bei der Erforschung dieser Möglichkeit eine richtige Methode angewendet hätte. Wie unvollkommen auch die damals vorhandenen Maschinen waren, so gab es doch einige, deren Bewegung nicht durch Kräfte von Thieren hervorgebracht wurde, und unter diesen war Unterschied der Schnelligkeit, der Richtung, der Bewegung u. s. w. vorhanden. Die ganze Frage beschränkte sich also darauf, zu wissen, ob es möglich sei, ein neues Agens zu finden, welches eine Maschine in beliebiger Richtung in Bewegung setzen könnte. Einem einsichtsvollen

Menschen konnte dies wohl schwer, aber nicht unmöglich erscheinen. Die Uebersendung von Zeichen durch das Mittel der elektrischen Telegraphen wäre ebensowenig demjenigen unmöglich erschienen, der die außerordentliche Schnelligkeit in Erwägung gezogen, mit welcher die Luft die Töne fortpflanzt, und mit der die leuchtenden Körper ihre Strahlen durch unermeßliche Entfernung entsenden. Das Problem war auf das Folgende reduzirt: Ist es möglich, daß die Menschen mit der Zeit ein natürliches Agens entdecken, durch dessen Vermittelung sie diese augenblicklichen Fortpflanzungen nachahmen? Die Entscheidung konnte nicht zweifelhaft sein, wie unvollkommen auch die Begriffe in den Naturwissenschaften noch waren.

345. Wir wohnen einer Vorstellung bei, wo ein Mensch verschiedene Objekte in andere verwandelt; es ist kein sichtbarer Apparat vorhanden; die Mittel, welche angewendet werden, sind geheimnißvolle Worte und sonderbare Manipulationen. Mit Rücksicht auf alle Umstände der Person, des Ortes und der Zeit sind keine Ursachen vorhanden, die so überraschende Erscheinungen hervorbringen können; was für ein Urtheil sollen wir uns davon bilden? Daß hier nicht die Wirkung verborgener Naturgesetze, sondern vielmehr die Geschicklichkeit eines gewandten Taschenspielers vorhanden, die als bewundernswürdige Wirklichkeiten eine Verbindung von eitlen Täuschungen erscheinen läßt. Um das Räthsel zu entziffern, muß unsere ganze Aufmerksamkeit sich nicht auf die Wirksamkeit der Naturgesetze, sondern auf die Hände des Taschenspielers, auf die Instrumente, die er anwendet, auf die Zeichen und Handlungen einiger verschmitzter Leute richten, die in seiner Nähe sich befinden werden. Wenn aber im Gegentheil die sonderbaren Phänomene im Hörsaal einer Vorlesung über Experimental-Physik sich verwirklichen, wo wir die verschiedenen Apparate sehen, um die Bewegung und die Combination der Naturkräfte hervorzubringen, so müssen wir uns hüten, zu behaupten, das dasjenige, was wir sehen, physisch unmöglich sei, wie außerordentlich es uns auch erscheinen mag.

§. 3.
Gewöhnliche oder moralische Unmöglichkeit.

346. Die gewöhnliche oder moralische Unmöglichkeit ist der Widerspruch mit dem gewöhnlichen, regelmäßigen Gange der Ereignisse. Bei einer Person, welche allgemein unter einem bestimmten Namen und Zunamen, und in ihrer Stellung in der Gesellschaft bekannt ist, ist es moralisch unmöglich, daß es nicht diejenige sei, für welche sie Alle halten. Aber es liegt kein absoluter oder physischer Widerspruch darin, daß sie ein Betrüger sei, der seine persönliche Aehnlichkeit und andere günstige Umstände benutzend, sich an die Stelle des wahren Subjektes gesetzt hat, dessen Namen er sich anmaßt. Dies ist zu verschiedenen Malen schon vorgekommen.

Bei dieser Art von Urtheilen richte man sich nach folgenden Regeln:

1.

347. Wenn kein Anzeichen für das Gegentheil vorhanden ist, muß man sich mit dem Kriterium der gewöhnlichen Unmöglichkeit begnügen.

Die Gesellschaft und die Familie beruht auf diesem Kriterium. Wenn für Alles die absolute oder physische Gewißheit erforderlich wäre, so müßte man auf jeden Umgang mit den Menschen verzichten.

2.

348. Um zu erkennen, ob in einem bestimmten Falle hinreichende Bürgschaft für die moralische Unmöglichkeit vorhanden sei, muß man auf die Motive achten, welche das Gegentheil möglich machen.

Es ist moralisch unmöglich, daß in einem einzelnen Falle eine allgemein anerkannte Unterschrift verfälscht sei. Diese Sicherheit muß bei den kleinen Geschäften uns beruhigen; wenn es sich jedoch um Sachen von der größten Wichtigkeit handelt, reicht das geringste Anzeichen von Verfälschung hin, um die moralische Unmöglichkeit wankend zu machen. Dies bezeugt die Erfahrung.

§. 4.
Unmöglichkeit des allgemeinen gesunden Sinnes.

349. Die Unmöglichkeit des allgemeinen Sinnes gehört unter keine der oben erklärten Arten. Durch ein Beispiel wird sie besser, als durch Erklärungen verstanden werden. Ein Mensch hält in seiner Hand eine Menge von kleinen Steinchen; nachdem man ihm die Augen verbunden, und ihn verschiedene Kreuz= und Querwendungen hat machen lassen, verlangt man, daß, wenn er aufs Gerathewohl die Handvoll Steinchen in die Luft wirft, sie alle durch ebensoviele, der Größe derselben genau angepaßte Löcher hindurchfliegen sollen. — Zwanzig Menschen, denen man ebenfalls die Augen verbunden, und die man verschiedentlich in der Irre umhergeführt, schießen aufs Gerathewohl ihre Flinten los, und man verlangt, daß alle zwanzig Kugeln durch zwanzig runde Löcher durchgehen sollen, deren Durchmesser genau so groß ist, als die Kugeln. — Ein anderer hält in seiner Hand einen Kasten mit Buchdruckerlettern; er wirft ihn über einen Tisch hin, und man verlangt, daß sich daraus ein Brief zusammensetze, den er in der Tasche trägt. — Es ist klar, daß alle diese Dinge unmöglich sind, und gleichwohl ist kein wesentlicher Widerspruch in den Ideen vorhanden, wie er bei der absoluten Unmöglichkeit gefordert wird; noch widersetzen sie sich den Naturgesetzen, wie dies bei der physischen Unmöglichkeit nothwendig ist; allein es ist die Unmöglichkeit hier vorhanden, die ich die des allgemeinen gesunden Sinnes nenne; denn ohne alle Reflexion glauben alle Menschen, daß so sonderbare Zufälligkeiten sich nicht verwirklichen werden, und sie glauben dies noch weit fester, als bei den Dingen, wo die gewöhnliche, moralische Unmöglichkeit vorhanden ist. Dies zeigt die Nothwendigkeit, diese beiden Unmöglichkeiten nicht zu verwechseln.

Erste Regel.

350. In den angeführten, und ähnlichen Fällen, welche eine allgemeine und augenblickliche Ueberzeugung hervorrufen, ist die Unmöglichkeit des gesunden Sinnes ein sicheres Kriterium, daß die Thatsache sich nicht verwirklicht hat, noch sich verwirklichen wird.

Zweite Regel.

351. Wenn die Ueberzeugung von der Unmöglichkeit nicht allgemein oder augenblicklich ist, so ist die Wirklichkeit mehr oder weniger wahrscheinlich.

Um die Grade dieser Probabilität zu bestimmen, muß man einen Bruch bilden, dessen Zähler die Anzahl der günstigen, und dessen Nenner die der möglichen Fälle angibt.

Wenn in einer Urne 99 weiße Kugeln und eine schwarze sich befindet, so ist die Wahrscheinlichkeit, daß die schwarze gezogen werde $= 1/100$; denn es gibt hundert mögliche Fälle, weil hundert Kugeln vorhanden sind; und unter ihnen nur einen günstigen, weil nur eine schwarze Kugel darunter ist; es sind also 99 Grade der Probabilität für das Herauskommen einer weißen, und nur 1 Grad der Probabilität für das der schwarzen vorhanden.

352. Hierdurch werden wir zur Einsicht des tiefen Grundes gelangen, der für die Unmöglichkeit des allgemeinen gesunden Sinnes vorhanden ist. Nehmen wir an, ein Mensch stehe in der Mitte eines großen Saales, und man verlange von ihm, daß er mit verbundenen Augen eine Flinte losdrücke, so daß die Kugel durch ein Loch von eines Zolles Durchmesser hindurchtreffe. Alle werden sofort ohne Reflexion sagen: Dies ist unmöglich. Und warum? Sie wissen es nicht; aber die Rechnung zeigt den Grund dieses instinktmäßigen Urtheils. Nehmen wir an, die vier Wände des Saales hätten jede 20 Ellen Länge und 8 Ellen Höhe. Die gesammte Oberfläche derselben würde also 829440 Quadratzoll betragen. Da sich nun das Loch in jeder Wand befinden, und die Kugel überall durch-

schlagen kann, so folgt, daß die Zahl der möglichen Fälle 829440 beträgt, während jene der günstigen Fälle nur 1 ist. Die Wahrscheinlichkeit also, daß dieser eintrete, ist so klein, daß sie durch den Bruch $1/829440$ bezeichnet werden muß. Allein dieser Bruch, so klein er auch ist, ist dennoch mit Rücksicht auf die Wahrscheinlichkeit, die er darstellen soll, noch zu groß. Um dies zu beweisen, nehmen wir an, daß auf den vier Wänden alle die Quadratzolle, die sie enthalten, gezeichnet werden, und unter ihnen nur der eine, welcher das Loch enthalten soll, durchbohrt sei, so ist die Wahrscheinlichkeit, daß die Kugel durch ihn hindurchtreffen werde, durch jenen Bruch keineswegs ausgedrückt. Denn dieser setzt voraus, daß die Zahl der möglichen Fälle bloß die der bezeichneten Quadratzolle sei, und daß die Kugel, wenn sie nicht in einen derselben trifft, nothwendig in einen anderen treffen werde. Dies ist aber falsch; denn sie kann noch an unzählige andere Stellen treffen; das Loch des einen Zolles kann also eine unzählige Menge von verschiedenen Lagen haben, was man sogleich einsieht, wenn man annimmt, daß das Quadrat sich bewege, und mehr oder weniger von den angrenzenden Theilen bedecke. Wenn man diesen Umstand beachtet, so sieht man, daß die Zahl der möglichen Fälle in ganz unermeßlicher Weise wächst und alle Berechnung übersteigt; und dennoch bleibt die der günstigen immer nur 1; in den Punkt nämlich zu treffen, wo das Loch sich befindet. Dann wird der Bruch wenig größer, als ein unendlicher sein, und daher auch die Wahrscheinlichkeit des günstigen Falles unendlich klein sein. (Siehe Kriterium Kap. IV.)

III. Abschnitt.

Fragen nach der Wirklichkeit.

§. 1.

Coexistenz und Succession.

353. Um die Wirklichkeit einer unbekannten Sache zu erkennen, müssen wir nothwendig von einer bekannten Sache

ausgehen, und wissen, daß beide durch irgend ein Band verbunden sind. Ohne dies ist es unmöglich, nur einen Schritt zu thun. Wie kann ich eine Kenntniß erwerben, die ich nicht habe, wenn mir keine andere gegeben wird, auf die ich sie gründen kann? Es hieße dies ebensoviel, als ein Haus ohne Fundament bauen wollen.

354. Von den Objekten sind die einen unserer unmittelbaren Erfahrung unterworfen; andere befinden sich mit diesen in Verbindung. Ich sehe den Rauch; seine Existenz erkenne ich durch unmittelbare Erfahrung; ich schließe, daß Feuer vorhanden ist; dies erkenne ich durch die Verbindung, welche es mit dem Rauche hat.

355. Da die innere Natur der Objekte uns wenig bekannt ist, so sehen wir uns häufig genöthigt, sie als von einander abhängig zu betrachten, weil sie entweder oft mit einander existiren, oder weil gewöhnlich die einen nach den anderen vorhanden sind. Dieser Schluß, der in den Erfahrungswissenschaften ein Grundprincip ist, und von dem wir überall im Leben Anwendung machen, kann uns gleichwohl in Irrthum führen. Um diesen zu vermeiden, müssen einige Regeln beobachtet werden.

1.

356. **Die gleichzeitige Existenz zweier oder mehrerer Dinge, oder ihre unmittelbare Aufeinanderfolge, beweist, für sich allein betrachtet, noch nicht, daß das eine vom anderen abhängt.**

Wir sehen täglich, daß Dinge gleichzeitig existiren oder aufeinander folgen, welche gar keine Beziehung zu einander haben. An demselben Orte existiren, gleichzeitig oder unmittelbar hintereinander existiren, sind Thatsachen, die von der Beziehung der Abhängigkeit sehr verschieden sind.

2.

357. Wenn eine beständige und ausgedehnte Erfahrung uns zwei oder mehrere Objekte als gleich-

zeitig existirend zeigt, so daß, so oft das eine sich zeigt, auch das andere vorhanden ist, oder, wenn das eine fehlt, auch das andere fehlt; so können wir, ohne Furcht uns zu täuschen, urtheilen, daß zwischen ihnen irgend eine Beziehung statt findet, und wir werden daher berechtigt sein, von der Existenz des einen auf die des anderen zu schließen.

Mit der Gegenwart gewisser Körper fällt dasjenige, was wir Licht und Sehen nennen, zusammen; wenn wir auch die innere Natur dieser Phänomene nicht kennen, so sind wir doch durch ihre Coexistenz über ihre Beziehung zu einander gewiß.

3.

358. Wenn zwei Objekte stets aufeinander folgen, so daß, wenn das erste vorhanden war, man immer gesehen hat, daß das zweite folgte, und wenn dieses existirte, man regelmäßig das Vorangehen des anderen bemerkte; so können wir mit Gewißheit schließen, daß sie von einander eine Abhängigkeit haben.

So oft das Feuer eine Zeitlang einem mit Wasser gefüllten Kessel genähert wird, fängt dieses an zu sieden. Die Menschen haben nicht gewartet auf die Fortschritte der Physik, um zu behaupten, daß diese Bewegung des Wassers vom Feuer herrühre. Der Blitz leuchtet in der Luft, und einen Augenblick später kracht und rollt der Donner. Die beständige Aufeinanderfolge dieser Phänomene hat den Glauben hervorgerufen, daß das zweite vom ersten abhängt, lange vorher schon, ehe man die Theorie der Elektricität, und die Ursache und Fortpflanzung des Schalles kannte.

4.

359. Die gegenseitige Abhängigkeit, welche durch die Coexistenz oder Aufeinanderfolge angezeigt wird, ist nicht immer eine direkte Abhängigkeit der Objekte

von einander, sondern zuweilen die Abhängigkeit beider von einem dritten.

Wenn in einem Lande eine bestimmte Frucht oder Pflanze vorkommt, kommt auch immer eine andere vor. Dies beweist nicht, daß eine von der anderen abhängt, sondern, daß beide von einer Ursache abhängen, die sie hervorbringt. — Wenn eine gewisse Krankheit herrscht, herrscht auch immer eine gewisse andere. Dies beweist nicht, daß beide unter einander eine Beziehung der Ursache und Wirkung haben; beide können von einander unabhängig sein, aber von einer und derselben Ursache abhängen. — Zwei Personen begeben sich zu derselben Stunde mehrere Tage hindurch an denselben Ort. Dies beweist nicht, daß das Gehen der einen eine Abhängigkeit von dem der anderen habe; aber beide Thatsachen, obgleich rein zufällig in Bezug zu einander, sind es nicht in absoluter Weise, sondern hängen von einer dritten Ursache ab, z. B. von der Stunde, welche jedem Einzelnen den Zeitpunkt, sich an seine bestimmte Beschäftigung zu begeben, anzeigt.

360. Der Grund, warum wir instinktmäßig eine gegenseitige oder eine gemeinschaftliche Beziehung zu einem Dritten den Thatsachen beilegen, welche zusammen existiren, oder sich beständig folgen, beruht auf einem Princip, das wir in unserem Geiste tief eingegraben tragen: wo Ordnung, wo Combination vorhanden ist, dort ist eine Ursache, welche ordnet und combinirt. Die reine Zufälligkeit ist ein Wort ohne Sinn. (Vergl. Kriterium Kap. VI.)

§. 2.
Urtheile über die menschlichen Handlungen.

361. Das Urtheil über die menschlichen Handlungen ist Regeln unterworfen, welche von denen sehr verschieden sind, nach welchen die Phänomene der Natur zu beurtheilen sind. Da der Mensch mit Freiheit des Willens begabt ist, so können die Conjekturen über seine verborgenen oder zukünftigen Handlungen einer strengen Berechnung nicht unterworfen werden;

gleichwohl lassen sich auch hier einige Regeln aufstellen, um mit Wahrscheinlichkeit zu urtheilen.

1.

362. Man kann der Tugend der meisten Menschen wenig trauen, wenn sie einer sehr harten Probe unterworfen wird.

Eine sehr heftige Leidenschaft, ein sehr mächtiges Interesse, bringt einen starken Antrieb mit sich, welchem der Mensch nur mit großer Schwierigkeit widersteht, wenn er nicht eine sehr geläuterte Tugend besitzt; diese findet sich aber bei Wenigen. Daher gilt hier: wer die Gefahr liebt, wird darin zu Grunde gehen.

2.

363. Den Grundsatz: „Denke Uebles von den Menschen, und du wirst nicht irren," darf man nicht gelten lassen, nicht bloß aus Gründen der Nächstenliebe, sondern auch der gesunden Logik.

Es ist klar, daß dieser Grundsatz auf gute Menschen keine Anwendung hat. Er ist überdies auch sehr trügerisch, wenn er auf schlechte Menschen angewendet wird. Ein Lügner, wie sehr er auch zum Lügen geneigt sei, lügt nur, wenn er dabei ein besonderes Interesse, oder ein besonderes Vergnügen findet. Wenn man daher alle seine Worte zählen wollte, so würde man weit mehr wahre, als lügnerische finden. Der Trunkenbold ist im Allgemeinen längere Zeit nüchtern, als betrunken; der Ausschweifende überläßt sich seinen Leidenschaften nur, wenn sich ihm die Gelegenheit dazu darbietet. Es ist also sehr gewagt, im Allgemeinen die Handlungen der Menschen im üblen Sinne zu erklären, da man Gefahr läuft, viele für schlecht zu halten, die es nicht sind.

3.

364. Um einen wahrscheinlichen Schluß auf das Verhalten einer Person in einem bestimmten Falle

zu machen, ist es nöthig, ihre Einsicht, ihre Gemüths-
art, ihren Charakter, ihre Moralität, ihre Interes-
sen, und Alles zu kennen, was auf ihren Entschluß
Einfluß haben kann.

Der Mensch, obgleich mit freiem Willen begabt, ist verschiedenen Einflüssen unterworfen, welche beitragen können,
seinen Willen zu bestimmen. Einen derselben zu vergessen, heißt,
eine der gegebenen Thatsachen zur Lösung eines Problemes
übersehen.

4.

365. Wir müssen uns davor hüten, zu denken,
daß die Anderen so handeln werden, wie wir selbst
handeln würden.

Weil wir diese Regel nicht beachten, fallen wir oft in
große Irrthümer. Wir haben eine natürliche Neigung, die
Anderen nach uns selbst zu beurtheilen; ohne es zu bemerken,
legen wir ihnen unsere Ideen, unsere Gefühle und unseren
Charakter bei. Den Guten täuscht seine Güte, und den Bösen
seine Bosheit. (Siehe Kriterium Kap. VII.)

§. 3.
Die menschliche Autorität.

366. In vielen Fällen können wir die Wahrheit durch
uns selbst weder unmittelbar noch mittelbar erkennen, und wir
müssen uns an das Zeugniß anderer Menschen halten. Die
Entfernung des Ortes und der Zeit hindert uns, bei der Thatsache gegenwärtig zu sein, und eben so wenig läßt diese sich
durch Schlußfolgen ermitteln, sei es, daß sie von der menschlichen Freiheit abhängig ist, oder aus natürlichen Ursachen
entspringt, die uns unbekannt sind. Wie kann ich wissen, was
in diesem Augenblick in Peking oder New-York vorgeht? Wenn
es sich um freie Handlungen handelt, so ist es mir unmöglich,
sie zu erkennen, da sie von keiner nothwendigen Ursache abhängen; und sind es Naturereignisse, wie z. B. Regen, Sturm,

Erdbeben u. s. w., so kenne ich nicht hinreichend alle die Beziehungen der Ursachen, welche auf die Erde wirken, um a priori bestimmen zu können, welche Wirkungen sie in diesem Augenblick auf diesem oder jenem Punkte der Erde hervorbringen. Die Entfernung der Zeit hindert ebenfalls, die Thatsachen zu erkennen, den Fall ausgenommen, daß sie unzweifelhafte Spuren hinterlassen haben, wie z. B. die Menge der Lava auf einem Erdstrich den früheren Ausbruch eines Vulkanes andeutet, oder die Versteinerungen und Muscheln das frühere Vorhandensein des Wassers beweisen.

367. Damit ein Zeugniß gültig sei, sind zwei Bedingungen erforderlich: 1) daß der Zeuge nicht getäuscht sei; 2) daß er selbst nicht täuschen wolle. Die Wahrhaftigkeit und der gute Glaube eines Erzählers nützt uns wenig, wenn derselbe getäuscht ist, und die Kenntnisse eines Lügners sind nicht zu gebrauchen, wenn dieser uns das Gegentheil von dem sagt, was er weiß.

Regeln.

1.

368. Wir müssen auf die Mittel achten, über welche der Erzähler verfügte, um die Wahrheit zu finden, und auf die Wahrscheinlichkeit seiner Wahrhaftigkeit oder Unaufrichtigkeit.

2.

369. Bei Gleichheit der übrigen Umstände ist der Augenzeuge vorzuziehen.

3.

370. Unter den Augenzeugen verdient, bei Gleichheit der übrigen Umstände, derjenige den Vorzug, der an dem Vorfall nicht betheiligt war, und dabei weder gewann noch verlor.

4.

371. Man muß die Aussage eines Zeugen mit der eines anderen von verschiedener Meinung und verschiedenem Interesse vergleichen.

5.

372. Bei den Erzählungen muß man sorgfältig unterscheiden zwischen der erzählten Thatsache, und den Ursachen, welche angegeben werden, den Folgen, die man ihnen beilegt, und dem Urtheil des Erzählers oder Schriftstellers.

6.

372. Die anonymen Zeugen verdienen wenig Vertrauen.

7.

374. Bevor man eine Erzählung liest, ist es sehr wichtig, die Lage und die übrigen Umstände des Erzählers zu kennen.

8.

375. Die nach dem Tode eines Schriftstellers erschienenen, durch unbekannte und unzuverlässige Hände publicirten Werke sind der Unächtheit oder Verfälschung verdächtig.

9.

376. Erzählungen, die sich auf geheime Memoiren und ungedruckte Papiere gründen, verdienen nicht mehr Glauben, als derjenige, welcher sich dafür verantwortlich macht.

10.

377. Erzählungen von geheimen Verhandlungen, von Staatsgeheimnissen, pikante Anekdoten

über das Privatleben berühmter Personen, über dunkle Intriguen, und andere Dinge dieser Art, müssen mit dem höchsten Mißtrauen aufgenommen werden.

11.

378. Wenn es sich um alte uns sehr fern liegende Völker handelt, so ist es nöthig, dem wenig Glauben zu schenken, was über den Reichthum des Landes, die Zahl der Bewohner, die Schätze der Monarchen, die religiösen und häuslichen Gebräuche erzählt wird.

12.

379. Man muß großes Mißtrauen in die Erzählung der Reisenden setzen, welche sich nicht lange Zeit in dem Lande aufgehalten haben, das sie beschreiben. (Vergl. Kriterium Kap. VIII., IX., X., XI.)

IV. Abschnitt.
Fragen über die innere Natur der Dinge.

380. Bei den Fragen, die sich auf das innere Wesen der Dinge beziehen, muß man folgende Bemerkungen nicht außer Acht lassen:

1.

381. Die innere Natur der Dinge ist uns sehr oft unbekannt; wir wissen von ihr wenig, und auch dies in unvollkommener Weise.

Die Wahrheit dieser Bemerkung wird um so besser erkannt, je tiefer man in die Wissenschaften eingedrungen ist; das Resultat der angestrengtesten und tiefsten Arbeiten ist die Ueberzeugung von unserer Unwissenheit.

2.

382. Die beste Auflösung vieler Fragen ist die Erkenntniß, daß sie für uns unauflösbar sind.

Die Menschen verlieren viele Zeit in unfruchtbaren Untersuchungen, weil sie Probleme auflösen wollen, zu denen die Daten fehlen. Es gibt Fragen, welche vielen Lärm in der wissenschaftlichen Welt gemacht haben, und die man der folgenden vergleichen könnte: Ist die Zahl der Sterne eine gleiche oder ungleiche?

3.

383. Da die Dinge in ihrer Natur, ihren Eigenschaften und Beziehungen unter sich, sehr verschieden sind, so muß auch die Art und Weise, über sie zu denken, ebenfalls sehr verschieden sein.

Wer auf die politischen und moralischen Wissenschaften die mathematische Methode anwenden wollte, würde in große Irrthümer fallen, und wer den Werth eines Werkes der schönen Literatur nach einer metaphysischen oder dialektischen Analyse beurtheilte, würde dem gleichen, der einen lebendigen Körper seciren wollte.

4.

384. Bei den Wissenschaften, die mit nothwendigen Objekten sich beschäftigen, muß man sich an die Verbindung der reinen Ideen halten. Bei denen, welche die Natur zum Gegenstande haben, muß man auf die Beobachtung sich stützen. Bei denen, die auf den Menschen sich beziehen, ist es nöthig, das menschliche Herz zu studiren. Bei den moralischen Wissenschaften hat man die ewigen Principe der Vernunft, erleuchtet durch die allgemeinen Traditionen, und insbesondere durch die christliche Religion, zu Rathe zu ziehen.

5.

385. Alle Regeln nützen nichts, wenn der Mensch nicht eine tiefe Liebe zur Wahrheit besitzt, und sich seiner Leidenschaften nicht zu entäußern versteht, um in den einzelnen Fällen zu sehen, was wirklich vorhanden ist, und nicht, was er wünscht, daß vorhanden sei. (Siehe Kriterium Kap. XII. bis XX.)

V. Abschnitt.

Anwendung der Hypothese.

386. Hypothese ist eine Voraussetzung, deren wir uns bedienen, um eine Sache zu erklären. Ein Geschäft, das guten Fortgang hatte, geht plötzlich seinem Untergange entgegen. Man kennt die Ursache dieser Veränderung nicht, und versucht gleichwohl eine Conjektur, indem man es sich erklärt durch den bösen Willen eines Feindes, der in enger Verbindung mit demjenigen stand, der es zu einem glücklichen Ende führen sollte. Dies ist eine Hypothese. Bei der Erklärung der Naturerscheinungen nimmt man gleichfalls, wenn man ihre Ursache nicht kennt, zu Hypothesen seine Zuflucht, wie man aus den Werken, die über die Physik handeln, ersehen kann.

387. Die Anwendung der Hypothesen kann, wenn sie mit Besonnenheit geschieht, nützlich sein; theils weil sie den Verstand übt, und ihn daran gewöhnt, die Mannichfaltigkeit auf die Einheit zurückzuführen; theils weil die Kenntniß der möglichen Ursachen zuweilen für die Erkenntniß der wahren vorbereitet. Man darf aber nicht aus den Augen verlieren, daß eine Hypothese, für sich allein, nichts für die Wirklichkeit beweist. Sie sagt: dies kann in dieser Weise geschehen sein; und wenn man hieraus schließt, daß es in dieser Weise geschehen ist, so zieht man eine illegitime Schlußfolge. So kann, in dem oben angeführten Beispiel, das Geschäft in der That an dem bösen Willen des Feindes gescheitert sein; allein eben

so ist es auch möglich, daß dieser nicht den geringsten Antheil daran hatte, und daß im Gegentheil das Unglück aus der unklugen Geschäftigkeit eines Freundes, aus der Ungeschicktheit eines derer, die mit seiner Ausführung beauftragt waren, aus den geheimen Intriguen eines Nebenbuhlers, oder aus irgend einem anderen Umstande, entstanden ist.

388. Die Hypothesen, wenn sie geistreich sind, und besonders, wenn sie zu ihrer Stütze einige Gesichtspunkte der Wahrscheinlichkeit haben, täuschen uns oft, und führen uns in große Irrthümer, sowohl in dem Studium der Wissenschaften, als in den gewöhnlichen Geschäften des Lebens. Es kann so gewesen sein, also ist es so gewesen, ist ein offenbar thörichter Schluß, und gleichwohl halten wir ihn oft für einen unwiderleglichen Beweis. (Siehe Kriterium Kap. XIV. §. 6.)

389. Von der Möglichkeit bis zur Wirklichkeit ist sehr weit. Wir sollen nicht das suchen, was sein kann, sondern, was ist; wenn es sich um Dinge handelt, die von unserer Erkenntniß unabhängig sind, ist die Beobachtung der Thatsachen nothwendig, wie sie an sich sind; und wenn diese Thatsachen unseren Blicken sich entziehen, ist es besser, unsere Unwissenheit zu erkennen und einzugestehen, als uns zu täuschen, indem wir die Produkte unseres Talentes für Wirklichkeiten halten.

VI. Abschnitt.
Synthese und Analyse.

390. Wenn man in der Entwicklung vom Einfachen zum Zusammengesetzten fortschreitet, so wird die Methode synthetisch genannt; wenn man umgekehrt vom Zusammengesetzten zum Einfachen übergeht, so heißt sie analytisch. Wenn wir die verschiedenen Theile einer Uhr einzeln nehmen, und zuerst jeden für sich, und dann die Beziehungen, die er zu den anderen hat, betrachten, und auf solche Weise den Mechanismus zusammensetzen, so befolgen wir die synthetische Methode. Wenn

wir im Gegentheil den schon fertigen Mechanismus nehmen, seine Bewegung im Ganzen betrachten, dann nach den Beziehungen der Theile unter sich forschen, und endlich zur Kenntniß der Construktion jedes Einzelnen von ihnen, und der Funktionen, welche er im Mechanismus erfüllt, gelangen, so wird die Methode analytisch sein. Wenn man von den ersten Begriffen der Geometrie ausgeht, sie allmählig durch Construktionen und Beweise erweitert, und so zur Bildung einer Curve, und zur Kenntniß ihrer Natur und ihrer Eigenschaften gelangt, so ist die Methode synthetisch. Betrachten wir die Curve an sich, und lösen wir dieselbe in verschiedener Weise in ihre Elemente auf, so kommen wir ebenfalls zur Erkenntniß ihrer Natur und ihrer Eigenschaften, aber auf analytischem Wege.

391. Man frägt zuweilen, welche dieser beiden Methoden vorzuziehen sei, und antwortet, die synthetische sei geeigneter für die Lehre, und die analytische für die Erforschung und Erfindung. Diese Antwort ist sehr vernünftig; denn der Lehrer, welcher den Punkt in voraus kennt, wohin er den Verstand seines Schülers führen will, kann mit dem Einfachen anfangen, um zu dem Zusammengesetzten zu gelangen, das er schon kennt. Derjenige dagegen, welcher die Wahrheit erst suchen muß, muß die Objekte so nehmen, wie sie sich ihm darbieten, und es ist klar, daß sich dieselben nicht in ihre Theile zerlegt, sondern als ein Ganzes ihm darstellen.

392. Gleichwohl darf man nicht glauben, daß diesen beiden Methoden bestimmte Gränzen angewiesen werden können; sie vermischen sich unaufhörlich miteinander, indem die Zweckmäßigkeit und selbst die Nothwendigkeit dies fordert. Auch beim Lehren analysirt man, und wendet beim Nachforschen die Synthese an. Die schickliche Gelegenheit für die Anwendung der einen oder der anderen Methode, so wie der Grad und die Art und Weise ihrer geeigneten Verbindung, kann allein aus den Umständen der Objekte ersehen werden. (Siehe Kriterium Kap. XVII.)

393. Wenn man die synthetische Methode anwendet, muß man vor der Sucht sich hüten, ohne genügende Elemente zusammenzusetzen; und bei der Anwendung der Analyse ist die Klippe zu vermeiden, bei zu genauer Untersuchung der Einzelnheiten die Beziehungen derselben zum Ganzen aus den Augen zu verlieren. (Siehe Kriterium Kap. XIII. §. 3. u. 4.)

VII. Abschnitt.
Nothwendigkeit der Anstrengung.

394. Der Mensch hat zuweilen glückliche Einfälle, welche ihm keine Anstrengung kosten; in der Regel aber muß er arbeiten und sich anstrengen, wenn er nicht unwissend bleiben will. Jene plötzlichen, von selbst entstehenden Erleuchtungen pflegt selbst nur derjenige zu erfahren, der seine Kräfte durch viele Uebung ausgebildet hat. Ohne diese letztere, entwickelt sich die Seele nicht, und ähnlich dem Körper, der lange Zeit ohne Bewegung bleibt, fühlt sie ihre Kräfte sich vermindern, und schleppt ein träges und schläfriges Leben hin. Einige glauben, die großen Genies seien träge; ein großer Irrthum! Alle großen Menschen haben sich durch eine unermüdliche Thätigkeit ausgezeichnet. Diese ist eine nothwendige Bedingung für ihre Größe; ohne dieselbe wären sie nicht groß. Die Eitelkeit verleitet zuweilen dazu, den Schweiß zu verbergen, den ein Werk kostet; man halte es aber für gewiß, daß ohne viele Anstrengung wenig Gutes zu Stande kommt; daß auch diejenigen, welche dahin gelangt sind, jene außerordentliche Leichtigkeit sich zu erwerben, dieselbe nur erlangt haben, indem sie durch andauernde Anstrengungen sich vorbereiteten. Fort also mit der kindischen Eitelkeit, sich zu stellen, als ob man viel leisten könne mit wenig Anstrengung; Niemand darf sich der Bedingungen schämen, die der ganzen Menschheit auferlegt sind; und eine derselben ist, daß es ohne Anstrengung keinen Erfolg gibt.

Um mit Frucht zu arbeiten, ist es zweckmäßig, die folgenden Bemerkungen über die Lektüre, den geistigen Verkehr mit Anderen, und das Studium oder wissenschaftliche Nachdenken, nicht aus den Augen zu setzen.

VIII. Abschnitt.
Die Lektüre.

395. Bei der Lektüre muß man auf zwei Dinge seine Sorge richten: die Bücher gut auszuwählen, und sie gut zu lesen.

396. Niemals darf man Bücher lesen, welche den Verstand von der Wahrheit ableiten, oder das Herz verderben. Die irreligiöse und unmoralische Lektüre führt nicht zur Wissenschaft und Gelehrsamkeit, sondern ist vielmehr eine Quelle von frivoler Oberflächlichkeit.

397. Man muß jene Autoren lesen, deren Name bereits allgemein gekannt und geachtet ist; dadurch erspart man sich viele Zeit, und macht größere Fortschritte. Jene ausgezeichneten Schriftsteller lehren nicht bloß durch das, was sie sagen, sondern auch durch das, was sie im Geiste anregen. Der Geist nährt sich durch die Lehre, die sie mittheilen, und entwickelt sich durch die Reflexionen, die sie hervorrufen. Wenn man die Wahl hätte, einen ausgezeichneten oder einen mittelmäßigen Menschen zu Rathe zu ziehen, wer würde nicht den ersteren vorziehen?

398. Keine Kunst und keine Wissenschaft soll man in Wörterbüchern und Encyclopädien studiren. Es ist nöthig, sich zuerst dem Studium eines Elementarwerkes zu unterwerfen, um in der Folge mit Frucht die Lektüre ausführlicher Lehrbücher zu unternehmen. Die Wörterbücher und Encyclopädien dienen dazu, um in einzelnen Fällen zu Rathe gezogen zu werden, und Specialitäten in Erinnerung zu bringen; nicht aber, um die Sachen aus dem Grunde zu lernen.

399. Non multa, sed multum; man muß viel lesen, aber nicht viele Bücher: dies ist eine vortreffliche Regel. Mit der

Lektüre verhält es sich, wie mit der körperlichen Nahrung; das Gedeihen steht nicht im Verhältniß zu dem, was genossen, sondern was verdaut ist.

400. Die Lektüre muß mit geeigneten Pausen, mit Aufmerksamkeit, und mit Reflexion vorgenommen werden; man muß sie oft unterbrechen, um über das Gelesene nachzudenken. Auf diese Weise verwandelt man die Substanz des Autors in seine eigene Substanz, und es geht im Geiste ein ähnlicher Akt vor, wie bei den ernährenden Funktionen des Körpers.

401. Man pflegt zu sagen, es sei nützlicher, mit der Feder in der Hand zu lesen, indem man das Bemerkenswertheste aufzeichnet. Diese Regel ist in der That sehr vortheilhaft; um sich jedoch vor einigen Uebelständen zu sichern, wird es gut sein, sich an Folgendes zu erinnern:

1) Man läuft dabei Gefahr, viel Unnützes aufzuschreiben, und durch Excerpiren die Zeit zu verschwenden, die besser mit Wiederholung der Lektüre verwendet würde.
2) Wenn man Alles dem Papier anvertraut, wird das Gedächtniß weniger geübt; das beste Notizbuch ist der Kopf; dieser kann nicht verloren gehen, und man kann ihn überall mitnehmen.
3) Wenn es sich um Eigennamen und um Thatsachen handelt, ist es gut, auf das Gedächtniß sich nicht zu verlassen.

402. Das ungeregelte Streben nach Universalität ist eine Quelle der Unwissenheit. Wenn man Alles wissen will, gelangt man dahin, nichts zu wissen. Es gibt nur wenige Menschen, welche mit hinreichenden Talenten für alle Wissenschaften geboren sind. Es ist also sehr wichtig, eine aus dem Grunde zu kennen, und auf das Feld der anderen keine Ausflüge zu machen, ohne die nothwendige Rücksicht auf die eigenen Kräfte, auf die Zeit, über die man verfügen kann, und auf die Bestimmung, die man zu erfüllen hat. Wozu nützt es einem Officier, ein Botaniker zu sein, wenn er die Kriegskunst nicht

kennt; einem Advokaten, ein tüchtiger Mathematiker zu sein, wenn er auf die Jurisprudenz vergißt?

IX. Abschnitt.
Die Besprechungen und Disputationen.

403. Der Verkehr mit anderen Menschen kann uns sehr dienlich sein, um unsere Kenntnisse zu erweitern.

Die mündliche Erörterung ist eine Quelle von Licht, wenn der Geist der Parteilichkeit, der Einfluß der Eigenliebe, und die Gefahren, die in solchen Fällen vorhanden sind, den Anderen zu beleidigen, vermieden werden.

404. Es ist bemerkenswerth, daß uns zuweilen im Eifer des Gespräches, und selbst bei der sanften Bewegung einer ruhigen Unterredung Gedanken einkommen, auf die wir vorher niemals gekommen sind. Die Einwendungen des Gegners, die Bemerkungen eines Freundes, die Zweifel des Gleichgültigen, ja mitunter selbst die Albernheiten des Unwissenden, lassen uns ganz neue Gesichtspunkte entdecken, welche die Fragen erweitern und beleuchten. Die menschlichen Geister haben die Fähigkeit, sich gegenseitig zu befruchten; sie gleichen den Körpern, die durch Reibung sich verfeinern und erwärmen.

405. Unglücklicher Weise fällt man nur zu häufig in die oben angedeuteten Fehler; das Urtheil steht schon vorher fest, und man denkt nicht daran, es zu berichtigen, sondern es aufrecht zu erhalten; es handelt sich nicht darum, die Wahrheit zu suchen, sondern zu kämpfen und zu siegen. Der Stolz der Streitenden erhebt sich; die Worte sind hart, der Ton herausfordernd, wenn nicht beleidigend, und was eine Art von gemeinschaftlichem Vertrage sein sollte, wo jeder zum allgemeinen Besten seine besonderen Kräfte einsetzt, zu dem Zwecke, die Wahrheit zu finden, verwandelt sich in einen wissenschaftlichen Wettkampf, bei welchem Leidenschaftlichkeit und menschliches Elend zu Tage kommt.

406. Es ist im höchsten Grade nothwendig, vor dem Geiste des Streites sich zu hüten. Wenn man kein Resultat zu Gunsten der Wahrheit hoffen kann, ist es besser, sich zum Schweigen zu verurtheilen, auch wenn man Behauptungen hört, welchen widersprochen werden könnte. Diese Klugheit, lärmenden Streit zu vermeiden, verhütet Unannehmlichkeiten, ist der gesunden Moral und der guten Lebensart angemessen, und erspart eine kostbare Zeit, welche zu nützlichen Arbeiten angewendet werden kann.

407. Ebensosehr aber ist es zu empfehlen, die Besprechung mit sachverständigen und besonnenen Menschen zu suchen. Unglaublich groß ist die Frucht, die aus der Unterredung mit einem Anderen über Gegenstände, die man studirt hat, gezogen werden kann. Durch diese gegenseitige Mittheilung entwickelt sich der Geist, wird belebt, gewinnt seine in den Stunden der Einsamkeit geschwächten Kräfte wieder, berichtigt seine Mißverständnisse, befestigt sich in den gefundenen Wahrheiten, entdeckt neue Wege, um andere zu finden, sammelt in kurzer Zeit die Frucht langer Arbeiten des Anderen ein, theilt seinerseits die seinigen mit; kurz, er gibt und empfängt, er lernt und erholt sich.

X. Abschnitt.
Das Studium oder die Meditation.

408. Das Studium (die wissenschaftliche Meditation) ist eine geistige Arbeit, durch die wir eine Sache aus dem Grunde kennen zu lernen suchen. Es wird unfruchtbar sein, wenn keine Ideen vorhanden sind, auf die es sich bezieht; um also mit Frucht zu studiren, muß man eine Menge von Material mittelst der Lektüre, der Unterredung, oder der Beobachtung gesammelt haben.

409. Die Unterredung mit denkenden Menschen, und die Lektüre tiefer Autoren gewöhnt uns unmerklich an die Meditation. Es ist von Wichtigkeit, besondere Sorgfalt darauf zu

verwenden, mit dieser Gewohnheit sich vertraut zu machen, indem man geneigt wird, über Alles nachzudenken, was unserer Betrachtung sich darbietet. Dies wird nicht bloß ein Vortheil für die wissenschaftlichen und literarischen Fortschritte sein, sondern auch für den Takt bei der Einrichtung unserer Geschäfte; viele, sowohl spekulative als praktische Irrthümer entstehen aus dem Mangel der Meditation. Es gibt Menschen, welche sehr viel gelesen haben, und die sich kaum einen Augenblick Zeit genommen, über dasjenige nachzudenken, was sie gelesen. Ihre Köpfe sind eine Art von Magazin fremder Gedanken; sie haben nichts Eigenes; und selbst in den Lichtblicken, wo sie originell zu sein scheinen, entdeckt man den Charakter der Reminiscenzen der Lektüre. Aufgebläht durch die Idee ihrer Gelehrsamkeit, bilden sie sich ein, auf den Gipfel der Wissenschaft gelangt zu sein, und beachten nicht, daß die Frucht der Arbeit nicht bloß im Verhältniß zu dem Studium, sondern auch zu der Art des Studirens steht. Andere haben Geschäfte, zuweilen von der größten Wichtigkeit, zu besorgen, ohne kaum über den Gegenstand, der ihnen anvertraut ist, nachgedacht zu haben; so gehen sie ohne Plan, ohne Voraussicht dessen, was eintreten könnte, zu Werke, und sehen sich in Ruinen begraben, die sie auf leichte Weise hätten vermeiden können.

XI. Abschnitt.
Praktische Fragen.

410. Die praktischen Akte des Verstandes sind diejenigen, welche bei unseren Handlungen uns leiten. Was muß ich thun, um meine Dankbarkeit zu bezeigen? Zu welchem Opfer verpflichtet mich die Freundschaft? Auf welche Weise muß diese oder jene Verwaltungsmaßregel ausgeführt werden? Wie müssen die bewegenden Kräfte combinirt werden, um zu erreichen, daß eine Maschine ihre Bestimmung erfüllt? Solche und ähnliche nenne ich praktische Fragen.

411. Aus den angeführten Beispielen erhellt, daß von

diesen Fragen die einen sich auf Gegenstände beziehen, welche nothwendigen Gesetzen unterworfen sind, und die anderen auf unsere freien Handlungen. Ueber beide will ich einige kurze Bemerkungen machen. Ausführlicheres hierüber findet man in dem Kriterium Kap. XIII.

412. Wenn der Mensch handeln will, so setzt er sich jedesmal irgend einen Zweck. Ohne diesen würde sein Wille sich nicht bewegen. Das Objekt seiner Handlung ist, den gesetzten Zweck zu erreichen. Hieraus folgt, daß es bei jeder Handlung nöthig ist, auf den Zweck und auf die Mittel zu achten.

413. Der Zweck muß bei jeder Art von Handlungen ein moralischer sein. Jeder Zweck, welcher der Moralität zuwider ist, muß unerbittlich verworfen werden. Es gibt keine künstlerischen oder wissenschaftlichen Gründe, welche dazu berechtigen, sich schlechte Zwecke zu setzen. Das Unmoralische entbehrt ebendeßhalb, weil es unmoralisch ist, der Wahrheit und der Schönheit. Man wird weder Wahrheit noch Schönheit in unmoralischen Dingen entdecken, wenn man sie mit voller Erkenntniß betrachtet und absieht von gewissen Beziehungen zu unserer Sensibilität.

414. Es genügt nicht, daß der Zweck kein unmoralischer sei; es ist nothwendig, daß er ein solcher sei, der dem Subjekt und den übrigen Umständen entspricht. Der richtige Takt in der Setzung des Zweckes ist schwieriger, als er zu sein scheint. Diese Schwierigkeit entsteht aus verschiedenen Ursachen, und eine derselben besteht darin, daß alle Zwecke mit Ausnahme des letzten, welcher Gott ist, nur Mittel zu anderen Zwecken sind. Oft ist vieles Nachdenken und vieler Scharfsinn erforderlich, um zu entdecken, welches in einem gegebenen Falle der geeignetste sei.

415. Der Zweck muß mit den Mitteln im Verhältniß stehen; nach einem Zwecke streben, wenn man der Mittel, ihn zu erreichen, entbehrt, wäre unnöthiger Zeitverlust, wenn nicht wirklicher Schaden. Es gibt viele Menschen, welche auch das Leichte nicht erreichen, weil sie das Unmögliche sich vornehmen.

416. Den Werth der äußeren Mittel zu erwägen, ist nicht so schwierig, als die inneren richtig zu schätzen. Jene werden ohne diese nicht angewendet, und gerade in der Erkenntniß der letzteren findet sich die größte Schwierigkeit. Tiefe Weisheit schließt das Wort der Alten in sich: Nosce te ipsum; erkenne dich selbst.

417. Bei dem Abmessen der eigenen Kräfte müssen wir uns einerseits vor Vermessenheit, und andererseits vor Kleinmuth hüten. Die Vermessenheit verleitet uns zu Unternehmungen, die unsere Kräfte übersteigen; der Kleinmuth hingegen hält uns ab, diejenigen anzuwenden, welche wir besitzen, und von der Trägheit unterstützt, einem der allgemeinsten Laster des Menschengeschlechtes, bricht er das Feuer, schwächt die Thätigkeit, und erniedrigt uns unter uns selbst.

418. Wir müssen in Betreff irgend eines Objektes weder urtheilen, noch Pläne fassen, wenn der Geist unter dem Einfluß einer Leidenschaft steht, die auf dieses Objekt sich bezieht. Wenn wir unter einem solchen Einflusse uns befinden, sehen wir durch ein gefärbtes Glas; alles erscheint uns von derselben Farbe. (Siehe Kriterium Kap. XXII. §. 37. und folgende.)

419. Wenn der Entschluß nicht aufgeschoben werden kann, und wir unter dem Einfluß einer Leidenschaft uns fühlen, müssen wir eine Anstrengung des Geistes machen, um uns, wenigstens für einen Augenblick, in die Lage zu denken, wo dieser Einfluß nicht existirte. Dies wird, schon durch die damit verbundene Anstrengung der Reflexion, die Leidenschaften beruhigen, und indem es uns in Erinnerung ruft, daß wir zu einer anderen Zeit, je nach der Stimmung unseres Geistes, anders gesehen haben, werden wenigstens einige Zweifel entstehen über die Richtigkeit der Entscheidung, zu der die Leidenschaften drängen, und dies wird uns helfen, über den ersten Antrieb derselben Herr zu werden. (Siehe Kriterium Kap. XXII. §. 44. und folgende.)

420. Die Mittel müssen gleichfalls moralische sein. Der Zweck rechtfertigt die Mittel nicht; es kann nie erlaubt sein,

eine böse Handlung zu begehen, wie heilig auch der Zweck sei, den wir uns vorsetzen.

421. Die Leidenschaften sind gute Verbündete, wenn sie durch die Vernunft und die Moral geregelt sind; sie inspiriren den Verstand, und verleihen dem Willen Festigkeit und Energie.

Endresultat.

422. Tiefe Liebe zur Wahrheit; richtige Wahl des Standes; Geneigtheit zur Arbeit; feste, dauernde und nach den Objekten und Umständen eingerichtete Aufmerksamkeit; zweckmäßige Uebung der verschiedenen Kräfte der Seele, je nach dem Gegenstande, der uns beschäftigt; Klugheit in der Bestimmung des Zweckes und der Mittel; Erkenntniß der eigenen Kräfte ohne Vermessenheit und Kleinmuth; Herrschaft über sich selbst durch Unterwerfung der Leidenschaften unter den Willen, und des Willens unter die Vernunft und Moral: dies sind die Mittel, um richtig zu denken, sowohl im speculativen, wie im praktischen Gebiet; dies ist das Resultat der Regeln der Logik.

www.ingramcontent.com/pod-product-compliance
Lightning Source LLC
Chambersburg PA
CBHW030309170426
43202CB00009B/932